축구에 관한 모든 것

12 심 판

축구에 관한 모든 것 시리즈
12 심판

초판 1쇄 발행 _ 2014년 2월 28일
지은이 _ 윤거일
펴낸이 _ 김명석
편집인 _ 김영세
그 림 _ 김교민
마케팅 _ 정지희
제작인쇄 _ 정문사
펴낸곳 _ 도서출판 엘티에스 출판부 "사람들"
등 록 _ 제2011-78호
주 소 _ 서울시 관악구 신림동 103-117번지 5F
전 화 _ 02-587-8607
팩 스 _ 02-876-8607
블로그 _ http : //blog.daum.net/ltslaw
이메일 _ ltslaw@hanmail.net

* 이 책의 판권은 지은이와
  도서출판 엘티에스 출판부 "사람들"에 있습니다.
  양측의 서면 동의 없는 무단전재 및 복제를 금합니다.
* 저자와의 협의하에 인지는 생략합니다.
* 축구에 관한 모든 것 시리즈(전50권)는
  2015년 12월 완간을 목표로 하고 있습니다.
* 축구에 남다른 열정을 가진 분이라면 누구나
  이 시리즈의 저자가 될 수 있습니다.

ⓒ 2014
저자 이메일 sportepic@hotmail.com
ISBN 978-89-97653-74-4 14690
정가 10,000원

Series 12

축구에 관한 모든것

12 심판

윤거일 저

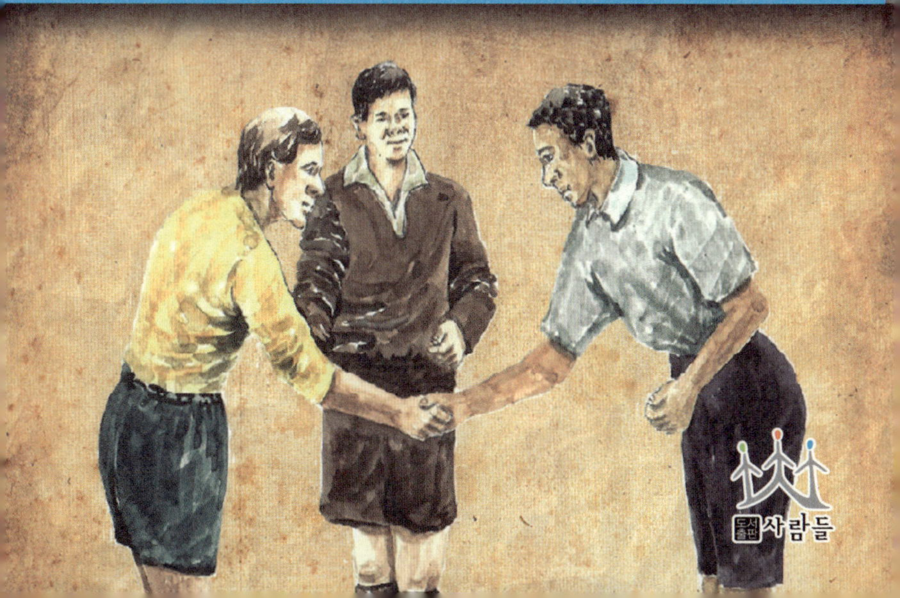

도서출판 사람들

차 례

[서문] "그라운드의 지배자 혹은 지휘자"

제1장 축구 심판을 말한다   13

1. 심판의 유래 : 엄파이어와 저지 그리고 레프리 ················ 15
2. 국내 최초의 축구 심판 ·· 20
3. 국내 축구 심판 관련 주요기록 ······································· 26
4. 축구 심판의 역할과 자격 ·· 47
5. 직업으로서의 축구 심판 ··· 68

제2장 축구 심판의 구분   81

1. 대한축구협회 심판 ·· 84
2. 한국프로축구연맹 전임심판 ·· 107
3. 전국축구연합회 심판 ··· 112
4. 대한장애인축구협회 심판 ··· 116
5. 국제축구연맹 심판 ·· 118

제3장 축구 심판 되기   127

1. 국내 축구 심판 ··· 131
2. 국제 축구 심판 ··· 140

제4장 축구 심판 장비 — 147

제5장 전 망 — 159

1. 판정의 정확도 향상 — 161
2. 엘리트 심판의 양성 — 170
3. 심판 관리 체계 개편 — 177
4. 심판 존중을 위한 분위기 조성 — 183
5. 국내 축구 심판의 해외 진출 — 190

제6장 페어플레이와 심판 — 195

맺음글 — 210

부록 — 217

- 역대 국제심판 명단 (1951~2014년) — 219
- 대한축구협회 심판상 수상자 — 220
- 대한체육회 체육상 심판부문 수상자 — 221
- 아시아축구연맹 심판상 수상자 — 221
- 국제축구역사통계연맹 연도별 세계 최고의 심판 — 222
- 국제축구역사통계연맹 세계 심판 랭킹 — 223
- 대한축구협회 축구 심판 규정 — 225
- 한국프로축구연맹 규정(제4장 심판) — 236
- 참고 자료 — 244

필자 서문

"그라운드의 지배자 혹은 지휘자"

심판의 숙명이란 영웅인 동시에 공적이 되는 것이 아닐까 싶다. 지난 2002년 한·일 월드컵 당시 우리나라와 이탈리아 대표팀의 16강 경기에서 프란체스코 토티를 퇴장시켰던 바이런 모레노 심판이 그랬다. 반대로 2006년 독일 월드컵의 스위스전 때는 호라시오 엘리손도 심판이 우리나라 축구팬들에게 공공의 적이 되었다.

세계 최고의 심판 중 한 명이었던 피에르루이기 콜리나는 "심판에게 철학은 필요 없다. 다만 FIFA가 정한 규정을 충실하게 적용하고 실행하면 된다"고 말했다. 판정으로 인하여 수혜 또는 손해를 입은 팀이 발생할지언정 심판은 경기규칙에 입각하여 공정한 판정을 내리고자 노력할 뿐이다. 그러나 승패가 엇갈리는 축구에서 승자로부터 찬사를, 패자로부터 원망의 대상이 될 수밖에 없는 필연적 존재가 바로 심판인 것이다.

심판, 이 세상에서 가장 외로운 이름. 고독하고 힘든 심판이지만 여전히 많은 사람들이 선망하고 또 그 길을 걸어 가고자 한다.

누군가는 심판을 그라운드의 지배자라고 칭했다. 어떤 이는 지휘자에 비유했다. 누구나 알만한 슈퍼스타도 그라운드에서는 심판의 판정에 귀 기울이고 승복해야한다. 그 절대적인 힘과 권한을 심판이 갖고 있다. 또한, 경기가 원활하게 잘 이뤄지도록 조율하고 관리해야 한다. 축구에서 심판은 22명의 주인공과 코칭스태프, 다수의 관중들이 하모니를 이룰 수 있게끔 지휘하는 역할을 맡는다. 그라운드의 지배자 혹은 지휘자로서 심판은 꽤 매력적이다.

벚꽃이 흩날리던 2012년의 봄. 드디어 대한축구협회 3급 심판 강습회에 참가했다. 나름 마니아를 자처하던 터라 축구를 안다고 말하려면 경기규칙 정도는 꿰고 있어야 한다는 생각이 첫 번째였고, 그렇게 어렵다는 공포의 체력테스트에 도전해보고 싶은 게 두 번째 이유였다. 물론 심판이 되어 멋지게 경기장을 누비는 모습과 함께 온갖 상상을 하기도 했다. 그렇게 참가한 강습회는 심판에 대한 인식을 바꿔놓는 결정적 계기가 되었다.

당시 이론수업을 통해 엘리손도 심판이 왜 오프사이드 판정을 내리지 않았는지 이해하면서 그를 용서하게 되었다. 체력테스트와 실전훈련 때는 심판의 체력, 판단력 그리고 자기관리가 얼마나 중요한지 절실하게 깨달았다. 축구 경기를 볼 때면 너무나 쉽게 생각했던, 심판이라는 존재가 더 이상 가볍지도 만만하게 보이지도 않았다.

어린 선수들이 뛰는 초중고축구리그나 최정상 리그인 K리그를 취재할 때도 정확한 경기규칙을 모른 채 판정을 비난하거나 심판을 깎아내리고 보는 사람들이 여전히 많아서

안타깝다. 심판이 항상 정확한 판정을 내리는 것은 아니지만 대부분 그들이 옳고 또 따라야 한다는 생각이다. 예전과 달리 심판의 편에 서게 된 까닭은 강습회를 통하여 이해의 폭을 넓혔기 때문이다. 그래서 주변의 축구팬들이나 심판 불신론자에게 강습회를 경험해볼 것을 꼭 권한다.

요즘은 대한축구협회 웹사이트를 통해 신인심판 강습회 정보를 쉽게 얻을 수 있다. 또한, 전국 여러 곳에서 연중 상시 개최되고 있어서 접근성도 좋다. 입문 계기도 다양하며 취미로 심판 활동을 하거나 필자처럼 자격 취득 자체에 의미를 두는 사람도 있다. 혹은 더 높은 단계로 향하는 심판도 있다.

우리나라에서도 우수한 국제심판이 여럿 배출되고 전체 심판 인구가 늘어나면서 일부 매체를 통해 심판계의 단면을 접할 수 있었다. 그러나 여전히 축구 심판을 입체적으로 조명하는 안내서가 부족한 실정이다. 축구 심판을 꿈꾸는 지망생을 비롯하여 현직에 있는 심판조차도 참고할만한 자료는 경기규칙서나 파편화된 내용뿐이다. 그나마 국제심판 출신인 강병호·임은주·홍은아 전 심판의 저서를 통해 심판의 세계를 엿볼 수 있었다. 집필 과정에서 큰 도움이 되었음은 물론이다. 다만 기존의 책들은 개인적인 경험과 지식을 바탕으로 한 내용 전개였던 만큼 수치화된 자료나 이론적인 설명을 생략한 부분이 있었으리라 생각한다.

이 책은 보다 종합적인 관점에서 심판을 설명하고자 한다. 축구 심판의 유래, 역할, 국내외 현황, 관련 규정 등 기본적인 내용부터 직업으로서의 관점, 급수별 입문 방법 및 과정, 전망 등 잘 알려지지 않은 부분까지 덧붙였다. 사실적이고 객관적인 정보를 담고자 했기에 조금은 딱딱하게 느껴질 수 있겠다. 그래서 취재 현장에서 직접 촬영한 사진들을 곁들여 조금이라도 보는 즐거움을 더하고자 했다. 생동감 넘치는 사진을 제공해준 권종철 FIFA 감독관에게 고마움을 표한다.

원고와 사진을 묶어 또 다시 멋진 책으로 만들어준 김명석 대표님과 출판사 관계자 여러분께 감사를 전한다. 집필 과정은 외롭고 또 인내가 요구된다. 끝까지 집중할 수 있도록 응원해준 가족과 지인들의 소중함을 다시금 느꼈다.

예상치 못한 도움을 받기도 했다. 일일이 언급하기 힘들 정도로 많은 전·현직 심판들이 마주칠 때마다 데이터베이스 구축에 한입씩 거들었다. 진심으로 고마움을 느꼈고 좋은 책으로 보답하기 위해 노력했다. 이 책은 집단지식이 만들어낸 결실과 다름없다. 미처 채우지 못한 부분은 언제든지 조언을 해주시길 바란다.

많은 축구팬들이 이 책을 통해 심판에 관심을 갖게 되고 나아가 직접 입문하면 좋겠다. 오늘날 심판의 길은 전보다 넓어졌다. 노력 여하에 따라 얼마든지 본업과 겸직할 수도 있다. 그리하여 축구와 심판을 함께 좋아하는 사람들이 많아지면 좋겠다. 현재 활동 중인 심판들에게는 조금이나마 영감을 주고 싶다. 스스로의 존재적 가치와 역할에 대하여 생각해볼 수 있는 계기가 되길 바라는 마음이다. 또한, 일선의 지도자들과 선수들이 전보다 심판을 이해하고 존중하는데 기여한다면 더 바랄 것이 없겠다. 심판 그리고 축구를 사랑하는 모든 분들께 이 책을 바친다.

일러두기

- 이 책에서 언급하는 '심판'은 기본적으로 '축구 심판'을 지칭하며, 국제축구연맹 심판은 '국제심판'으로 줄여 씁니다.
- 자주 언급되는 명칭, 가령 대한축구협회(KFA)나 국제축구연맹(FIFA) 등은 최초에 풀어쓴 뒤 영문 약칭으로 표기합니다.
- 전·현직 심판의 경우 현 직함이나 직책을 생략하고 일괄적으로 이름과 함께 '심판'으로 명기한데 대해 양해를 구합니다.
- 저자 이메일은 sportepic@hotmail.com 입니다.

제1장
축구 심판을 말한다

제1장 축구 심판을 말한다

1. 심판의 유래 : 엄파이어와 저지 그리고 레프리

스포츠에서 '심판(審判)'이란 '경기규칙의 준수 여부나 승패를 판정하는 사람'으로 풀이할 수 있다. 종목에 따라서 심판을 레프리(referee), 엄파이어(umpire), 저지(judge)로 세분화하기도 한다.

레프리는 선수들과 함께 움직이며 판정과 함께 경기 운영(managing the game)에 적극적으로 개입할 필요가 있는 축구·농구·하키·권투 같은 종목에서 심판을 이르는 호칭이다. 반면, 엄파이어와 저지는 정해진 자리에서 판정 자체에 초점을 맞춘 심판 활동을 한다. 추가적으로 저지는 점수를 매기는 역할도 담당한다. 야구·배구·크리켓·테니스·조정·탁구 등에서 심판을 엄파이어라고 부르며, 저지는 육상·레슬링·스케이트·승마·체조 등의 심판을 뜻하는데 각 명칭을 혼용해서 쓰는 경우도 있다.

현대적 축구의 발원지라고 할 수 있는 영국에서 19세기 중반 무렵 축구 심판을 도입했고 엄파이어라 불렀으나 곧 레프리로 바꿔 부르기 시작했다.[1] 점차 격렬해지는 축구의 양상 때문에 적극적으로 경기를 조율해줄 사람이 필요했기 때문이다. 그리고 지금까지 축구 심판을 지칭하는 표현은 레프리로 이어지고 있다.

일반적으로 축구에서 한 경기당 투입되는 심판진은 4명으로, 주심과 두 명의 부심 그리고 대기심으로 구성된다. 심판진은 경기감독관 및 심판감독관(평가관)과 함께 매치 오

---

1) 축구 심판은 1845년 영국 이튼(Eton)에서 열린 경기에서 처음 등장한 것으로 전해진다. 당시 축구는 학교 수업의 한 부분으로 이뤄졌고, 지도 교사가 심판의 역할을 맡아 경기장 밖에서 경기를 조정하는 역할을 했다. 이후 1870년대 실질적인 심판이 투입되었다. FA(The Football Association, 현 잉글랜드축구협회)는 1891년에 공식적으로 엄파이어를 폐지하고 레프리를 도입했다.

피셜(match officials)을 형성하는 주요소이기도 하다.

주심(主審)은 '레프리(referee 또는 chief/head referee)'로서 어원은 '언급, 참조, 문의하다'의 뜻을 갖고 있는 'refer(reference)'에 접미사 '-ee'[2]가 결합된 것으로 풀이할 수 있다. 즉, 양 팀이 벌이는 경기의 참고인 혹은 보증인의 역할을 하는 의미가 포함되어 있으며 심판진 중에서도 가장 중요한 역할을 담당한다.

---

[2] 사전적인 의미에서 '행위를 당하는 사람' 또는 '특정한 상태나 상황과 관련된 사람'이라는 뜻이 있다. 따라서 'referee'에는 객체로서의 의미가 내포되어 있다.

부심은 양쪽 터치라인에서 활동하기 때문에 '선심(線審)' 또는 '라인즈맨(linesman/lineswoman)'으로 불리기도 했다. 1891년 국제축구연맹(FIFA; Federation Internationale de Football Association)의 경기규칙 상에 언급된 이래 라인즈맨이라는 표현이 오랫동안 사용되었으나 1996년부터 공식적인 명칭이 부심(副審)으로 변경되었다. 주심을 보좌하되 부심의 현대적인 역할을 강조하면서 성차별적인 표현도 없애기 위함이었다. 경기에서 최종적인 판정은 주심이 내리지만 부심도 심판진의 일원으로서 주심에게 의견을 피력하거나 표현할 수 있다. 즉, 부심(assistant referees)은 조력자이지, 주심의 조수(referee's assistants)로 머무르지 않음을 의미한다.

대기심은 1966년부터 대체 심판(replacement referee)으로서 도입되었다. 대기심은 경기 중 주심과 부심을 돕는 다양한 역할을 수행하는데, 그 중에서도 부상 등으로 인하여 주·부심의 공백이 발생할 경우 대신 투입되는 중책을 맡고 있다. 그리하여 대체 심판으로 불리다가 국제축구평의회(IFAB; International Football Association Board)가 대기심의 존재를 공식적으로 인정함에 따라 1991년 이후 '네 번째 심판(fourth official)'으로 자리 잡게 되었다.[3]

---

3) FIFA는 2006년 독일 월드컵을 기점으로 클럽월드컵, 컨페더레이션스컵 등 주요 대회에서 다섯 번째 심판(fifth official)을 추가시켰다.

 오늘날 축구 심판이 입는 유니폼의 색상은 다양해졌지만 역시나 검은색이 가장 대표적이다. 법관의 법복에서 유래한 검은색 심판복은 경기장 위에서 공정한 판정을 내리는 심판의 역할을 상징적으로 나타낸다.

 1930년에 열린 제1회 우루과이 월드컵부터 1990년 이탈리아 월드컵까지 검은색 계통의 심판복이 심판의 유일한 유니폼으로 지속되었다. 이후 1994년 미국 월드컵부터 다양한 색상(은색, 노란색, 빨간색 등)의 심판복이 등장했다. 축구 심판의 이미지 향상, 컬러TV 중계 도입, 야간 경기 확대로 인하여 심판복도 변화가 필요했기 때문이다. 축구팀의 유니폼 색상과 디자인이 다채로워지면서 심판복과 중복을 피하기 위함도 있었다. 당시는 노란색이 보조색이었으나 요즘은 심판복의 주색으로 널리 사용된다. FIFA가 승인한 심판복 상의는 다섯 가지 계통의 색상(검정색, 노란색, 빨간색, 파란색, 초록색)을 기본으로 삼는데 하의와 양말, 축구화는 여전히 검정색 계통을 유지하고 있다.

한편, 1950년대까지 영국 내 리그에서의 축구 심판은 지금의 저지(jersey) 유니폼보다 블레이저(blazer)를 주로 걸쳤는데 그야말로 그라운드의 신사 같은 모습이었다. 지금처럼 심판복에 대한 규정이 명확하지 않았던 초기에는 세계 여러 리그에서 개성 넘치는 복장의 심판을 볼 수 있었다고 한다.

2. 국내 최초의 축구 심판

국내 첫 축구 심판

국내 1호 축구 심판은 서병희 심판(1893~1945)으로 전해진다. 그는 인천 출신으로 1900년대 초 영국 유학길에 올랐다가 접한 축구 문물을 1913년 귀국하여 전파하는데 앞장섰다. 1921년 2월에 열린 '제1회 전조선축구대회'의 심판을 맡았으며, 1925년에 직접 경기규칙집을 엮어 6회째 개최된 대회 운영에 활용하기도 했다. 당시 국내 첫 축구 심판으로 명성을 떨쳤으며, 1928년 조선축구협회의 전신인 조선심판협회 창설 위원으로서 기여했다.

국내 최초의 국제심판

국내 최초의 FIFA 국제 축구 심판은 1명이 아니라 7명이다. 따라서 1기 국제심판이라는 표현이 적절하겠다. 1951년에 처음 선발된 김화집·김용식·김덕준·김성간·이용일·배종호·이유형 심판이 바로 그들이다.

김화집 심판(1909~2006)은 1930년대 경성축구단의 대표선수 출신으로 은퇴 후 1932년에 심판의 길로 들어섰다. 1946년 국내 최초의 여자축구팀인 서울 중앙여자중학교 축구팀을 만든데 이어서 국내 최초의 여자축구 대회를 창설하기도 했다. 이후 국제심판으로 활약했으며, 별세 후 한국축구 명예의 전당 공헌자 부문에 헌액되었다.

한국 축구계의 전설인 김용식 심판(1910~1985)은 국가대표 선수 출신으로 이후 대표팀과 할렐루야 축구단의 지휘봉을 잡기도 했다. 1948년 런던 올림픽에 플레잉코치로 참가한 이후 선수 생활을 접고, 국제심판 자격을 취득했다. 1954년부터 대표팀 감독을 역임하며 오랜 기간 지도자 경력을 이어갔기에 축구 심판으로서 왕성하게 활동한 편은 아니다. 그러나 김용식 심판이 최초의 국제심판인 점과 국내축구 발전에 기여한 여러 업적은 두고두고 회자될만하다. 그는 2004년에 'FIFA 100주년 인물'로 선정되기도 했다.

국제적으로도 유명세를 떨쳤던 김덕준 심판(1918~1987)은 1951년 국제심판에 입문한 뒤, 1966년에 은퇴할 때까지 국내외를 오가며 600여 차례의 경기를 맡았다. 심판 은퇴 후 대한축구협회(KFA; Korea Football Association) 심판위원장을 역임했으며, 1965년 FIFA가 수여한 '국제심판 특별공로상(FIFA Referee Special Awards)'을 받았다. 당시 세계에서 네 번째이자 아시아 심판으로서는 최초의 수상이었다. 또 한 명의 유럽파 축구인으로서 국내 최초로 축구유학을 위해 서독과 영국을 방문하기도 했다.

국내 최초의 올림픽 축구 심판

우리나라 축구 심판으로서 올림픽 무대를 처음 밟은 이는 김덕준 심판이다. 아시아에서 처음 열렸던 1964년 도쿄 올림픽에서였는데 그 배정이 이뤄진 계기는 1960년 11월 서울에서 열렸던 FIFA 월드컵 동남아예선 한일전 때문이었다. 당시 경기를 맡은 필리핀 주심이 경기 당일까지 도착하지 않자 급히 김덕준 심판으로 대체된 것. 지금으로서는 상상할 수 없는 일이었다. 어느 한쪽 팀과 주심의 국적이 같은데

당연히 모든 판정에 불신이 생길 수밖에 없었다. 더군다나 한일전 아니겠는가. 주목할 부분은 김덕준 심판을 추천한 이가 다름 아닌 일본축구협회의 이사장이었던 점이다. 김덕준 심판에 대한 명망이 얼마나 두터웠는지를 보여주는 단적인 사례다. 경기를 맡은 김덕준 심판은 그라운드에서 '국적은 있으나 조국은 없는' 심판의 본분에 충실했으며, "공정한 판정을 내리고자 최선을 다했다"고 회고한 바 있다.

그때의 경기를 비롯하여 국내외에서 열린 여러 경기에서 호평을 받은 덕분에 도쿄 올림픽 개막전의 주심을 맡을 수 있었다. 당시 관례상 월드컵을 비롯하여 올림픽처럼 대규모 국제대회의 첫 경기는 영국 심판이 독차지하던 때였고, 또 2명의 부심이 일본인이었으니 시대적인 상황을 반추하면 김덕준 심판이 불었던 휘슬은 더욱 뜻 깊다.

국내 최초의 월드컵 축구 심판

국내 최초의 월드컵 심판은 박해용 부심이다.[4] 그는 1994년 미국 월드컵에서 부심으로 4경기에 출장했다. 한국의 첫 월드컵 심판이었음에도 8강전(루마니아-스웨덴)까지 배정받는 저력을 발휘했다. 다음으로는 1998년 프랑스 월드컵에서 전영현 부심[5]과 2006년 독일 월드컵의 김대영 부심[6], 2010

---

[4] 박해용 심판은 국내 첫 박사 축구심판이기도하다. 박사 논문 제목은 '한국 스포츠 심판의 스트레스 척도 개발 및 타당화 검증'(2000)이다. 이후 호남대가 개설한 국내 최초의 축구학과 교수로 임용되어 강단에 서고 있으며, KFA 심판 분과위원회의 심판위원 및 전국강사, 심판평가관으로 활동 중이다.

년 남아공 월드컵에 정해상 부심[7]이 그라운드를 누볐다. 주심으로서는 김영주 심판이 국내 최초로 월드컵 무대에 섰다.[8] 더군다나 2002년 한·일 월드컵에서였기에 의미가 남달랐다. 김영주 심판은 전국축구연합회 심판 출신으로 KFA에 발탁되어 국제심판까지 오른 독특한 이력 때문에 더욱 화제를 모았다. 여자월드컵에서는 임은주 주심이 최초였으며, 1999년 미국 여자월드컵에서 활약했다.

프로축구 최초의 축구 심판

2013년에 30주년을 맞이한 한국 프로축구의 첫 심판진을 되짚어보는 것도 의미가 있을 것이다. 1983년 5월 8일은 K

---

5) 엘리트 선수로 활약했던 전영현 심판은 1995년 국제심판 입문부터 월드컵 참가에 이르기까지 4년간 비교적 짧지만 굵은 발자취를 남겼다. 이후 AFC 심판강사 및 감독관, KFA 심판위원으로 더욱 활발하게 후배 심판 양성에 앞장서고 있다. '축구경기규칙 변천사에 관한 고찰'(1991)이라는 논문을 발표했으며, 심판 관련 웹사이트(www.fifareferee.co.kr)를 운영하고 있다.
6) 현역 은퇴 후 KFA 심판강사로 활동하던 김대영 심판은 2009년 한국인 최초로 FIFA 피지컬 강사로 임명되었다. 피지컬 강사는 심판 교육 시 이론과 체력 중 체력 훈련 및 테스트를 담당한다. 당시 FIFA 소속의 피지컬 강사는 단 15명에 불과했다. KFA 심판 분과위원회에서 부위원장을 맡고 있다.
7) 가장 최근에 월드컵 심판으로 뛰었던 정해상 심판은 뛰어난 능력을 인정받아 여러 심판상을 수상했다. 2009년 KFA 심판상과 2010년에는 KFA 공로상 및 K리그 심판상을 받았다. FIFA 주관대회 준결승 이상의 경기를 담당한 심판에게 수여되는 메달도 두 차례나 목에 걸었다. 부산외국어대 사회체육학부(축구매니지먼트 전공) 겸임교수를 역임했다.
8) 축구 변방이던 북한이 세계에 이름을 알렸던 1966년 잉글랜드 월드컵. 당시 월드컵에 북한 국적의 최덕룡 심판이 참가했던 사실은 많이 알려지지 않은 부분이다. 그는 부심으로서 두 경기에 출장했다.

리그의 전신인 슈퍼리그가 개막을 알린 역사적인 날이다. 따라서 한국 프로축구사에서 처음으로 프로심판이 모습을 드러낸 날로 볼 수 있다. 그 서막인 할렐루야와 유공의 경기에 배정된 첫 심판진은 백봉기 주심과 박경화·박호경 부심(당시는 선심으로 표기)이었다. 3명의 심판원 모두 국제심판이었다.

출범 초기 국내 프로축구의 심판진은 KFA가 배정한 국제심판으로 채워졌다. 이후 1987년부터 축구대제전(현 K리그)의 전임 심판으로 10명을 뒀는데 6명은 KFA에서 배정한 국제심판으로, 4명은 당시 한국프로축구위원회(현 한국프로축구연맹)가 직접 양성한 심판으로 구성하여 운영했다.

국내 최초의 여자 축구 심판

과거 심판직이 남자의 전유물로 여겨지던 때가 있었다. 너무나 견고하던 금녀의 벽에 균열을 일으킨 여자 심판은 바로 임은주 심판이다. 국내 첫 여자 심판은 불분명하지만 임은주 심판은 우리나라의 1세대 여자 심판으로서 최초의 여자 국제심판·K리그 전임심판 등 '최초'라는 수식어를 몰고 다녔다. 임은주 심판은 국가대표 선수 출신으로 1993년 축구 심판에 입문하여 1997년 국제심판에 선발되면서 큰 반향을 일으켰다.

여자 심판 최초로 K리그 전임심판(1999~2003)이 되었으며(남자 1부 프로리그의 여자 주심은 세계 최초이기도 하다), 1998년 KFA 심판상을 수상했다. 나아가 아시아 여자 심판 최초로 FIFA 여자월드컵에서 2회 연속 주심으로 배정되었으며, 2000년 아시아축구연맹(AFC; Asian Football Confederation) 최우수심판상을 수상했다. 2001년에는 FIFA 주관 남자 국제대회의 첫 여자 주심, 2002년 한·일 월드컵 조추첨자 선정(세계 심판 최초), 아시아 여성 최초의 FIFA 심판강사로 종횡무진했다. 2013년에는 여성으로서는 처음으로 국내 프로구단(강원FC)의 대표이사로 선출되면서 한국축구사에 새로운 발자취를 남겼다.

한편, 전국축구연합회 심판으로는 1999년 이강현 심판이 최초의 여자 심판으로 이름을 올렸다. 최연소 여자 국제심판은 2003년 당시 24세였던 홍은아 주심[9]과 2004년 24세였던 이슬기 부심이었다.

3. 국내 축구 심판 관련 주요기록

⊃ 1921년 전국대회 축구 심판 등장

1921년 2월, 조선체육회(현 대한체육회) 주최로 열린 '제1회 전조선축구대회'는 진정한 의미에서 전국 규모의 첫 대

---

9) 홍은아 심판은 2회 연속 올림픽 여자축구(2008, 2012) 주심으로 선발되었으며, FIFA가 주관한 각급 대회를 두루 경험했다. 2005년 남자 세미프로리그 심판으로 잉글랜드 무대에 데뷔한 이래, 여자 EPL 심판으로 활약했다. 2009년 'AFC 올해의 여자 심판상(주심)'을 수상했으며, 2010년 여자 FA컵의 결승전(아스널-에버튼) 주심을 맡아 성공적으로 경기를 이끌었다. 당시 여자 FA컵 38년간의 역사상 비영국인으로서 결승전 주심을 맡은 최초의 사례였다. 이후 KFA 공로상(2012), 대한체육회 체육상 심판부문 우수상(2013)을 수상했다. 현재는 대학 교수 및 KFA 이사로 재직 중이다.

회였다. 국내 최초의 축구 심판인 서병희 심판이 대표적인 심판으로서 활약했다. 당시 대회의 규칙서(최초의 축구 경기규정 및 심판규정 제정)는 영국에서 나온 영문 규칙서가 아닌 일본의 운동 연감에 수록된 경기규칙을 번역한 것을 토대로 했다. 이후 서병희 심판이 경기규칙서를 직접 엮어 내기도 했다. 같은 해 5월에는 평양 YMCA가 주최한 '제1회 전조선축구대회'가 열렸다. 심판진은 한봉상, 김기연, 유영열 심판(이상 평양)과 경성에서 초청된 현홍운, 이병삼, 김영윤 심판으로 구성되었다.

⊃ 1928년 5월 22일 조선심판협회(조선아식축구심판협회) 창립

우리나라 최초의 공식적인 축구 관련 단체다. 신기준(초대 협회장)·서병희·이병삼·서상천·정인창·현정주 등 6명이 발기인으로 창립했다. 조선심판협회는 창립 원년에 열린 '제9회 전조선축구대회'의 심판 관련 업무를 맡으며 활동을 시작했다. 5년 뒤인 1933년에 조선심판협회를 계승하여 대한축구협회(1948년 명칭 확정)의 전신인 조선축구협회가 출범했다.

⊃ 1951년 9월 우리나라 최초의 국제심판 발탁

KFA는 우리나라 축구의 위상을 강화하고자 FIFA에 국제심판 선발을 요청하였고 7명의 국내 심판을 발탁하여 추천했다. 1기 국제심판은 이후 한국 축구계 곳곳에서 중추적인 역할을 담당했다.

➲ 1965년 10월 김덕준 심판의 아시아 최초 FIFA 국제심판 특별공로상 수상

아시아에서는 최초이며, 세계적으로도 네 번째 수상의 영예를 안았다. 김덕준 심판은 우리나라 최초(1기)의 국제심판으로서 1965년 서독에 축구유학 중이던 당시 분데스리가로부터 심판직 제의를 받았을 만큼 뛰어난 실력을 자랑했다.

FIFA 국제심판 특별공로상은 국제심판(또는 자국 1부 리그) 10년 이상, 국제대회 A매치에서 20회 이상을 출장하고 현역 심판 은퇴 후 대륙연맹이나 자국협회 심판 또는 관련 행정에 공헌해야 하는 등 까다로운 자격요건을 충족한 소수에게 주어지는 권위 있는 상이다. 김덕준 심판 이후 홍덕영(1974), 이우현(1977), 김주원(1979), 길기철(1996), 권종철(2010) 심판이 수상했다.[10]

➲ 1974년 국내 축구 심판 등급제 실시

KFA는 심판 체계화와 자질 향상을 목적으로 1급부터 3급까지 등급제를 도입했다. 시행 첫해 서울권에서 활동하던 심판 총 32명을 1급 16명, 2급 11명, 3급 5명으로 구분했다.

➲ 1981년 국제심판 선정 방식 공개전형으로 변경

기존에는 KFA가 일정한 자격요건을 갖춘 후보자를 선별하여 FIFA에 추천하는 방식으로 국제심판이 선정되었다.

---

[10] 1989년 FIFA는 국제심판으로서의 공로를 인정하여 김덕준, 홍덕영, 이우현, 김주원 심판에게 특별기장을 수여했다.

1981년에는 최초로 나흘간 신체검사, 체력 및 실기 테스트, 필기시험 등 공개전형 방식을 통해 7명(이우봉·박경인·심건택·김수덕·백봉기·최영주·나운식 심판)의 국제심판 후보자가 선발되었고 FIFA에 추천되었다. KFA의 후보자 선정기준에 용모도 포함된 것이 특이사항이었다.

⊃ 1983년 5월 프로축구 심판 첫선

1983년은 K리그의 전신인 슈퍼리그가 개막한 특별한 시즌이다. 그와 동시에 프로축구 심판의 역사가 시작된 시점으로 볼 수 있다. 사상 첫 개막전은 할렐루야와 유공의 경기였고 심판진은 백봉기 주심, 박경화, 박호경 부심으로 모두 국제심판이었다. 당시 슈퍼리그의 심판진은 KFA가 추천한 심판들로 구성되었다.

⊃ 1987년 프로축구위원회 심판전임제도 실시

프로축구 활성화를 위해 출범한 프로축구위원회는 판정 시비를 줄이고 심판 능력을 배양하기 위해 심판전임제도를 실시했다. 당시 전임심판진은 KFA가 추천한 심판과 위원회가 자체적으로 선발·양성한 심판으로 구성되었으며, 축구대제전 경기를 담당했다. 엄밀한 의미에서 전임심판제는 1994년 한국프로축구연맹이 출범한 이후부터 시행된 것으로 볼 수 있다.

⊃ 1989년 8월 대한축구협회 심판원 공개모집

KFA는 우수한 심판 모집과 양성을 위해 처음으로 공개모집을 실시했다. 이전까지는 축구인 출신 중에 특별채용하거나 추천서를 받아야 심판원 입문이 가능했기에 일반인들이 접근하기 어려웠다. 당시 1급 심판 60명, 2급 심판은 50명이 등록되어 있었지만 가용 인원은 30여명에 불과했다. 그래서 동대문운동장에 모여 한 번에 심판 교육을 하곤 했다. 신문 광고를 통해 공개모집을 알렸으며, 응시자격은 30세 미만에 고졸 학력 이상이었다. 대학·실업·프로 선수 출신은 우대했다.

⊃ 1991년 KFA 심판비 인상

KFA는 국내 심판원의 심판비를 1경기당 프로경기 11만원, 국제경기 5만원, 대학경기 2만 3천원 등으로 인상했다. 전년 대비 평균 23.6% 인상된 금액이었다.

⊃ 1994년 국내 최초의 월드컵 심판 탄생

박해용 심판이 국내 심판으로서는 처음 월드컵 무대에 섰다. 그는 1982년 심판계에 입문하여 18년간 그라운드를 누빈 축구 심판계의 산증인이다. 1992년부터 국제심판으로 활동을 시작했고 부심으로 1994년 미국 월드컵에 참가했다. 이후 2년여의 준비과정을 거쳐 주심으로 보직을 변경하기도 했다.

○ 1996년 한국프로축구연맹 전임심판제 도입

연맹은 전임 주심 6명, 부심 12명을 공개 선발하여 K리그 경기에만 출장시키는 제도를 도입하고 보수를 연봉제로 지급하였다. 시행 첫해에 실제로 선발했던 전임심판은 주심과 부심 각 8명씩이었다.

○ 1997년 K리그의 외국인 심판 첫 도입

한국프로축구연맹은 판정 시비를 없애고자 국제적으로 인정받던 체코 출신의 이리 울리히, 코렐 보후네크 심판을 영입했다. 1996년에 한·일 월드컵 공동개최가 확정됨에 따라 외국인 심판 영입에 영향을 미친 부분도 있다. 당시 유럽팀을 상대로 약세였던 우리나라 대표팀이 그들의 판정기준부터 익숙해져야 한다는 공감대가 형성되어 유럽권 심판을 데려온 것이다. 연맹은 이들에게 전세 아파트 및 보수, 항공료 등 4,600만원 가량을 지불하며 당시로는 파격적인 대우를 했다. 6개월간 이리 울리히 심판은 22경기를, 코렐 보후네 심판은 21경기에서 주심을 맡았다.

○ 1999년~2014년 현재 아시아 국가간 심판 교류 시행

1999년에는 중국 출신의 국제심판인 주리니, 장지안준, 순바우지에, 장바후아 주심과 류 티에준, 주 홍칭, 류두오, 조드첸 부심을 불러들여 K리그 준플레이오프 및 플레이오프에서 뛰게 했다. 당시는 일본 심판보다 중국 심판의 수준을 더 높게 볼 때였다. 중요한 경기에서 판정 시비를 피하기

위함이었으나 샤샤의 '신의 손' 사건[11]과 2001년 중국 축구계를 뒤집어놓았던 대규모 심판 뇌물 스캔들로 인하여 오랜 기간 국제무대에서 중국 출신의 축구 심판을 볼 수 없게 되었다. 한때 'AFC 올해의 심판상'을 독식했던 싱가포르 출신의 명판관 삼술 마이딘 주심[12]이 2006년 K리그 챔피언결정전 2차전에 나서기도 했다.

2008년 KFA는 일본축구협회와 심판교류 프로그램을 실시했다. 한국 내셔널리그(당시 2부 리그격), K3리그(현 챌린저스리그), U리그(대학부)에서 활약 중이던 KFA 소속 1급 심판 3명을 선정하여 일본 실업축구리그(JFL; Japan Football League, 3부 리그격)의 우수 심판 2명과 상호 교류 활동을 실시했다. 또한, 2010년부터 중국 슈퍼리그(CSL; Chinese football association Super League) 소속의 주·부심이 심판교류 활동의 일환으로 국내 내셔널리그에서 뛰기도 했다.

---

11) 1999년 K리그 챔피언결정전 2차전에서 수원과 부산이 격돌했다. 주심은 당시 중국에서 최고의 심판으로 손꼽히던 순바우지에였으나 결정적인 오심이 발생했다. 연장 8분, 왼쪽 아크에서 장지현이 올린 크로스를 샤샤가 문전 쇄도하며 왼팔을 써서 득점을 성공시켰다. 이를 순바우지에 주심은 득점으로 인정했고 수원은 우승을 차지했다. 이후 국내 축구계에 심각한 후유증을 남겼고, 더 이상 중국인 심판은 K리그 경기에 설 수 없었다.

12) 싱가포르의 삼술 마이딘(2004~2007), 우즈베키스탄의 라브샨 이르마토프(2008~2011) 주심이 AFC 심판상을 4회 연속 수상하는 진기록을 남겼다. 이르마토프 주심은 아시아 심판 중 유일하게 IFFHS 심판 랭킹 10위권 안에 꾸준히 들고 있으며, FIFA 클럽월드컵 결승에 두 차례나 출장했다. 여자 심판 중에서는 일본의 야마기시 사치코 주심이 2010년부터 최근까지 4년 연속으로 AFC 여자심판상을 받았다. 우리나라 심판으로는 임은주 주심(2000)이 수상한 바 있으며, 홍은아 주심(2009)과 김경민 부심(2012)이 수상했다.

⊃ 2000년 K리그 전임심판 전지훈련 실시

연맹은 25명의 전임심판을 대상으로 20일간 국내 전지훈련을 실시했다. K리그 전임심판의 전지훈련은 국내 프로스포츠 심판진을 통틀어서 처음이었다. 그 배경은 2001년부터 스포츠토토의 도입을 앞두고 심판들의 정확한 판정이 더욱 중요한 문제로 부각되었기 때문이다.

⊃ 2000년 미국인 축구 심판 영입

미국 출신 알리 주심의 영입은 시장을 확대하려는 한국프로축구연맹의 노력으로 이루어졌다. 그는 현재까지도 K리그에서 뛴 유일한 미국인 심판으로 기록되어 있다.

⊃ 2001년 7월 프로축구 심판노조 설립

국내 스포츠계에서는 처음으로 프로축구 심판들이 노조 설립에 나섰다. 노조의 정식 명칭은 '한국프로축구 심판노동조합'이었다. 노조 설립 후 한국프로축구연맹에 신변 보호, 수당 인상, 퇴직금 보장 등을 적극적으로 요구했다. 또한, 일부 서포터즈의 과격 행위에 대한 법적 대응을 하거나 구단들의 방관에 유감 표명 및 재발 방지를 요청하는 등 심판들의 권익 보호를 위해 다양한 활동을 전개했다. 그러나 한·일 월드컵을 앞두고 있던 상황에서 많은 논란을 거듭하다 2002년 2월 1일 해산했다.

⊃ 2002년 국내 첫 월드컵 주심 배출

국내 주심으로는 처음으로 김영주 심판이 월드컵 무대를 누볐다. 그것도 한국에서 열린 월드컵이었으니 의미는 더욱 컸다. 울산에서 열린 브라질과 터키의 경기에서 첫 휘슬을 불었으며, 총 3경기에 출장했다. 당시 선발된 월드컵 심판은 총 72명(주·부심 각 36명)으로 아시아 지역의 주심은 김영주 심판을 포함하여 5명이었다.

⊃ 2002~2008년 독일 축구 심판 영입

한국프로축구연맹은 유럽에서도 최고 수준으로 인정받는 독일의 심판을 영입하여 K리그의 주요 경기에서 휘슬을 불게 했다.[13] 심판 판정의 중립성을 확보하고 국내 심판들의 자질을 향상시킨다는 이유에서였다. 잉글랜드 프리미어리그(EPL; English Premier League)는 경기 중에 발생하는 파울 숫자나 실제 플레잉 타임(APT; Actual Playing Time) 등 경기 내용과 심판의 위상에서 차이가 났고, 스페인 프리메라리가는 상대적으로 체계성이 부족하다는 평이 있었다. 반면, 독일 분데스리가 심판의 경우 타 리그에 비해 판정의 신뢰도가 높은 점에서 많은 점수를 받았다. 2002년 독일 심판으로서 처음 국내 무대에 섰던 루츠 미하엘 프레뤼히의 경우 J리그에서도 10회가 넘는 주심 경력이 있었다.

---

13) 최고 수준으로 인정받는 독일 심판의 명성에 먹칠을 한 사건이 있었다. 2005년 로베르트 호이처 주심이 독일의 FA컵인 DFB포칼컵과 하부리그 경기에서 승부조작에 관여한 것으로 밝혀졌다. 그는 자신의 잘못을 인정하면서 다른 심판들의 부정까지 폭로하여 큰 파문을 일으켰다.

》 K리그에서 뛰었던 역대 독일인 주심

연도	경기 내용	심판원
2002	K리그 6경기	루츠 미하엘 프레뤼히
	K리그 6경기	에드가 슈타인본
2003	K리그 4경기	펠릭스 브뤼히
	K리그 9경기	피터 가겔만
	K리그 경기	헤르만 알브레흐트
2004	K리그 5경기	마르쿠스 슈미트
	K리그 5경기	루츠 바그너
	K리그 5경기	크누트 키르허
	K리그 5경기	피터 시펠
	플레이오프 (포항-울산)	헤르만 알브레흐트
	플레이오프 (수원-전남)	헬무트 플라이셔
	챔피언결정전 1차전 (포항-수원)	헤르만 알브레흐트
	챔피언결정전 2차전 (수원-포항)	헬무트 플라이셔
2005	K리그 5경기	루츠 미하엘 프레뤼히
	K리그 5경기	마누엘 그래페
2006	챔피언결정전 1차전 (성남-수원)	루츠 바그너
2007	준플레이오프 (울산-포항)	펠릭스 브뤼히
	플레이오프 (수원-포항)	마르쿠스 슈미트
	챔피언결정전 1차전 (포항-성남)	크리스티안 피셔
	챔피언결정전 2차전 (성남-포항)	피터 가겔만
2008	6강 플레이오프 (울산-포항)	마쿠스 빙엔바흐
	6강 플레이오프 (성남-전북)	토스텐 쉬리퍼
	준플레이오프 (울산-전북)	귀도 벤하프만
	플레이오프 (서울-울산)	데니츠 아이테킨
	챔피언결정전 1차전 (서울-수원)	피터 시펠
	챔피언결정전 2차전 (수원-서울)	펠릭스 브뤼히

포스트 시즌의 주요 경기에 나선 독일 출신의 주심은 경기당 대략 4천 1백 유로(약 540만원)의 거액(경기수당 및 기타 경비 포함)을 받았다. 보수를 비롯하여 여러 가지 대우가 국내 심판과 대조적이었기에 국내 심판들의 사기를 저하시키는 부작용이 발생했다. 한편으로는 자성의 계기가 되기도 했다. 해가 거듭될수록 국내 심판의 수준이 향상됨에 따라 외국인 심판과 실력 차이가 거의 없다는 외부 평가와 내부 여론이 형성되었고, 2008년에는 K리그의 감독들이 국내 심판으로 교체해달라며 요청하기도 했다.

◯ 2003년 K리그 준전임심판 운영

연맹은 주심 12명과 부심 18명으로 구성된 전임심판을 운영하는 한편, 준전임심판을 선발하여 전임심판 결원 시 충원하는 방안을 마련했다. 준전임심판은 주심과 부심 각 20명씩으로 구성되었다. 또한, 전임심판의 자질 향상과 선의의 경쟁을 유도하기 위해 인센티브 방식으로 수당을 지급했다.

◯ 2004년 5월 K리그 전임심판 고유 배번제 도입

연맹은 전임심판 고유배번제를 도입하여 2004년 5월 5일 경기부터 첫 시행하였다. 28명의 K리그 전임심판들은 오른쪽 팔 윗부분에 9×9cm 크기의 고유번호를 부착하고 경기에 나섰다. 심판들에게 고유번호를 부여함으로써 책임감 있는 판정을 유도하고 축구팬들에게 새로운 재미를 전달하기 위한 시도였다.

⊃ 2005년 K리그 심판 발전 프로젝트 시행

 2020년까지 15년간 국내 프로심판 육성을 위한 중·장기 프로젝트로서 우수한 국제심판 강사를 초빙하여 심판 교육 강화 및 국내 심판의 해외 배출 등을 골자로 한다. 2005년부터 3년간 FIFA의 월프레드 하이트만 심판강사[14]가 특별 강습회의 교육을 맡았다.[15] FIFA 심판강사를 초빙하여 강습회를 개최한 것은 아시아 최초였다. 심판 판정 가이드라인 제시, 모든 경기의 동영상 분석, 분석에 따른 심판별 맞춤형 보수교육 실시, 판정기준의 통일성 교육(경기 당일 교육), 주·부심 헤드셋(쌍방향 무선통신 시스템)도 도입되었다.

⊃ 2005년~2014년 현재 K리그 전임심판 해외 전지훈련 실시

 연맹은 2004년에 K리그 전임심판 3명을 선발하여 분데스리가 연수에 참가시켰다. 이후 2005~2008년은 독일, 2011~2012년에는 터키, 그리고 2012~2013년 스페인에서 전임심판진의 전지훈련을 실시했다. 전지훈련은 현지에서 열린 외국 팀들의 프리시즌 경기에 직접 주·부심으로 투입되어 실전 감각을 익히는 방식으로 진행되었다.

---

14) 독일축구협회 소속인 월프레드 하이트만 FIFA 심판강사는 18세부터 축구 심판으로 활동하며 경력을 쌓았고 30세에 이르러 분데스리가 및 국제심판에 데뷔했다. 이후 16년간 국내외 무대를 바꿔가며 심판 활동을 했다. 경기감독관을 거쳐 1999년부터 FIFA 심판강사로 활동 중이며 우리나라와 인연이 깊다.
15) 2006년 열린 심판 특별강습회에는 당시 프로구단의 지휘봉을 잡고 있던 장외룡 감독(인천)과 정해성 감독(제주)이 참석해 눈길을 끌었다.

➲ 2005년 K리그 경기 후 비디오 판독 실시

연맹은 경기 중 심판이 미처 확인하지 못한 반스포츠적 행위 또는 비신사적 행위에 대해 경기 후 비디오 판독을 통해 징계하기로 결정했다. 또한, 경기 중 심판이 판정을 내렸다 해도 반칙의 정도가 심하다고 판단될 경우에 추가적인 징계를 부과하기로 했다.

➲ 2005년 K리그 전임심판 포상제 시행

연맹은 전임심판의 동기 부여와 사기 진작을 장려하는 차원에서 포상제를 도입했다. 매 라운드마다 우수 주심과 부심을 각 1명씩 선발하여 경기수당에 상응하는 상금을 지급했다. 첫 수상자는 권종철 주심[16]과 안상기 부심이었다.

➲ 2006년 대한축구협회의 우수 심판 육성 노력

KFA는 본격적으로 각 지역협회별 심판 행정을 강화시키기 시작했다.[17] 각 지역협회를 통해 신인심판 강습회의 지

---

16) 권종철 심판은 1995년부터 2007년까지 국내외 여러 대회에서 국제심판으로 이름을 알렸다. K리그에서 2년 연속 최우수주심(2002~2003)으로 선정되었으며, AFC 챔피언스리그 결승전의 주심을 두 차례나 맡기도 했다. 이후 AFC 심판위원 · KFA 심판위원장 · EAFF 심판위원장 등 요직을 거쳤다. 특히 축구 관련 국제기구(동아시아국제연맹)의 심판위원장을 역임한 것은 국내 최초의 사례다. FIFA 심판감독관 겸 AFC 심판강사로도 활동 중이며, 여전히 많은 매체를 통해 접할 수 있는 스타 심판 중 한 사람이다.
17) 잉글랜드의 축구 심판 조직은 체계적인 구조가 형성되어 있다. 지역마다 심판협회가 존재하여 관할 심판들을 관리한다. 각 지역심판협회는 심판개발위원과 그보다 상위의 지역매니저가 관리하며 전국심판개발위원장이 전

원자를 접수받아 동계 기간 동안 6개 도시에서 강습회를 실시하였다. 또한, 심판 보수교육을 강화하고 우수 심판을 선발하여 해외연수(잉글랜드)를 파견했다.

⊃ 2006년 K리그 전임심판 대상 심리 및 인성 교육 실시

K리그 전임심판 34명을 대상으로 축구 심판이 갖춰야 할 인성과 심판 콤플렉스에 대한 해결방안, 미래지향적 심판 발전을 위한 심리기술 훈련 등의 내용으로 교육이 진행되었다.

⊃ 2007년 KFA 심판 강습회 확대 개최

기존에는 반기별 1회 정도로 6개 도시에서 심판 강습회가 열렸으나, 16개 시·도협회별로 신인심판 강습회가 확대 개최되었다. 또한, KFA는 심판 행정력 강화를 위해 심판 관련 웹사이트를 구축했다. 이를 통해 심판 보고서, 심판감독관 보고서, 심판 평점, 활동수당 지급, 경기 배정 등 모든 자료를 전산으로 입력·기록하고 결과를 출력할 수 있게 되었다.

⊃ 2007년 2월 KFA 심판전용 웹사이트 개설

KFA는 FA가 사용하는 프로존(prozone) 기반의 심판관리 프로그램을 참고하여 국내 축구 심판 중·장기 발전 프로그램의 일환으로 심판전용 웹사이트(www.simpan.or.kr)를 개설했다. 전용 사이트가 만들어짐에 따라 심판 관리 및 운영을 위한 행정 여건이 확연히 좋아졌고 심판원들의 접근성이

체를 총괄한다.

향상되었다. 또한, 지역협회의 심판 업무 이전과 연계가 원활해질 수 있는 계기를 마련했다.

⊃ 2007년 7월 심판의 불법 금품 수수 신고 포상제도 실시

당시 국내 여러 축구대회에서 금품 수수 의혹에 따른 심판 불신으로 판정 항의가 자주 발생했다. 그에 따른 대책의 일환으로 KFA는 신고 포상제도를 실시했다. 신고자는 증거물(녹취, 사진 등)과 신고 진술서를 제출하면 포상이 주어졌다. 불법 금품을 수수한 대상자는 심판 제명뿐 아니라 형사고발 등 강력한 처벌이 내려지게 했다.

⊃ 2007년~현재 K리그 심판 판정 가이드라인 설명회 개최

K리그가 개막하기 전에 각 구단 관계자 및 언론사 담당기자 등을 대상으로 판정 기준에 대한 설명회가 열렸다. 당시 유럽축구연맹(UEFA; Union of European Football Associations) 심판강사이자 국내에도 익숙한 윌프레드 하이트만이 강사로 초빙되어 최신 경기규칙에 대한 판정기준과 원리를 소개하는 한편, K리그에서 적용될 심판 판정 가이드라인을 설명했다. 2009년부터는 대상을 선수단으로 확대 운영하고 있다.

⊃ 2008년 대한축구협회의 심판 자질 향상 노력

KFA는 2014년 브라질 월드컵을 대비하여 엘리트 심판 육성을 강화해나가기로 했다. 축구회관 내 분석실을 확보함에 따라 심판 교육에 적극 활용하는 한편, 심판 체력 측정에 필요한 신규 장비를 도입하였다. 또한, 심판감독관의 수준 향상과 전문성 강화를 위해 라이센스 제도를 도입했다(57세 미만으로 1급 심판 5년 이상 경력자 대상). 우수심판을 선발하여 AFC 본부가 있는 말레이시아(상반기)와 잉글랜드 해외연수 기회를 제공하기도 했다.

⊃ 2008년 K리그 심판 인터뷰 도입 검토

경기 후 논란이 발생한 판정이나 관련 구단의 문제 제기에 대한 해당 심판이 입장을 밝힐 수 있도록 하여 판정 불만을 해소시키고자 했다. 한국프로축구연맹은 전임심판을 대상으로 미디어 대응법, 스피치 요령 등을 익히도록 했으나 지속되지는 않았다.

⊃ 2009년 아시아 최초로 6심제 도입

2009년 K리그 6강 플레이오프부터 6명의 심판이 투입되었다. 이는 아시아 리그에서 최초이며, 기존의 4심제(주심, 제1부심, 제2부심, 대기심)에 2명의 부심이 더해진 형태다. 그보다 앞서 2009-10 시즌 유로파리그에서 첫 시행된 바 있다.

⊃ 2009년 대한축구협회 심판국 승격

KFA는 기존의 심판실을 심판국으로 격상시켜 우수 심판 양성에 박차를 가했다. 심판 보수교육을 확대하고 국내 대회별 사전 심판교육을 실시했다. 또한, 일본축구협회와 함께 심판교류 프로그램을 운영했다. 분석실[18] 심판 교육과 해외 (FIFA, AFC) 강사 초청 교육도 실시하였다.

⊃ 2009년 3급 심판 강습회 연중 상시 개최

KFA는 초중고 주말리그 도입 및 K3리그(현 챌린저스리그)와 U리그의 규모 확대를 고려하여 축구 심판의 문호를 개방했다. 전국적으로 많은 심판원이 필요했기 때문이다. 만 16세 이상 40세 이하, 교정시력 1.0 이상인 대한민국 국적의 사람이라면 누구나 3급 심판 강습회에 참가 가능하게 했다. 또한, 지역협회의 심판 행정력 강화를 위한 방편으로 16개 시·도협회별로 강습회를 실시토록 했다.

⊃ 2010년 K리그 심판 승강제[19] 실시

한국프로축구연맹은 새로운 캠페인으로 '5분 더 프로젝트 (5MM; 5 Minutes More)'를 제시하고 심판 승강제를 도입했다. K리그 경기에서 실제 플레잉 타임을 5분 더 늘리기 위

---

18) 대한축구협회는 2009년 들어서 심판 분석실 운영을 확대했다. 보수교육, 경기규칙, 급수별 맞춤 교육용 등 각종 교육 관련 DVD와 심판 규정집을 제작했다. 전국대회 및 각급 리그 촬영 인원 및 장비를 확충하는 한편, 상시 감독관 및 강사 교육 그리고 국제심판 특별 교육을 실시했다.

19) 영국의 심판기구인 PGMOL(Professional Game Match Officials Limited)은 2001년부터 EPL을 담당하는 셀렉트 그룹(주심 24명, 부심 48명)과 하위 그룹인 내셔널 그룹을 선별하여 통합 운영하고 있다. 프리메라리가도 매년 심판 승강제를 실시하여 주심 2명과 부심 4명을 교체한다. 특히, 41세 이상인 심판이 강등되면 다시 프리메라리가에 설 수 없도록 하고 있다. 경쟁 유발 뿐 아니라 자기 관리에 더욱 철저할 수밖에 없도록 만드는 냉정한 규정이다.

하여 고의적 경기 지연, 부상 가장 행위 등 모든 경기 지연 행위에 대한 대응과 상대에게 위해를 가하는 반칙, 경기의 흐름을 끊는 고의적 반칙에 엄격한 후속 조치를 취하기로 했다. 심판의 판정 권한을 강화한 만큼 더욱 정확한 판정이 요구되었다. 이에 연맹은 1부 심판은 K리그 경기를, 2부 심판은 2군 리그와 클럽 산하 유스 리그인 챌린지리그에 투입시키고 평가에 따라 승격 또는 강등시켜 선의의 경쟁을 유도했다.

⊃ 2010년 KFA 심판 비리근절 특별대책위원회 조직

유명 대학축구부 감독의 심판 매수 사건[20]이 발생함에 따라 협회는 심판 배정에 관련된 인물들을 처벌하고 심판 운영 전반에 관한 투명성 확보와 합리화 대책 마련에 나섰다. 이에 따라서 축구계 및 외부 인사 등으로 구성된 '심판 비리 근절 특별대책위원회'를 구성하여 '영 엘리트 레프리 그룹'을 선별하고 법무부와 양해각서를 체결하여 심판 인성 및 법률 교육을 강화했다. 또한, 심판 수당과 출장비 등 처우를 개선하기로 결정했으며 비리 신고자에 대한 신원을 철저하게 보장한다고 공표했다. 중·장기적으로는 심판 행정의 독립성 강화를 위한 연구용역을 진행하고, KFA 내에 선수들의 대학 진학 업무를 담당하는 부서를 신설키로 했다. 향후 금품수수 및 승부조작에 대해서는 가중 처벌하기로 했다.

---

20) 해당 감독은 심판 매수를 위하여 학부모 등으로부터 2,000만원 정도를 편취했고 총 13회에 걸쳐 U리그, 각종 대학 축구대회 및 주요 경기의 심판에게 20만원부터 1,000만원까지 제공한 것으로 밝혀졌다.

⊃ 2011년 국제심판을 통한 AFC 챔피언스리그 판정 가이드라인 교육 실시

AFC는 챔피언스리그에 출전하는 구단의 해당 국가별 국제심판을 통해 판정 가이드라인 교육을 담당하도록 했다. 이에 따라 K리그 전임심판이면서 국제심판인 강사진이 국내 출전 구단 4팀을 대상으로 적용 규칙, 주의할 판정 등을 설명하여 이해를 도왔다.

⊃ 2011년 챌린저스리그 각 구단 방문 판정 가이드라인 교육 실시

KFA가 주최하는 챌린저스리그의 16개 구단 지도자와 선수를 대상으로 판정 가이드라인 교육이 진행되었다. 당시 권종철 KFA 심판위원장을 비롯하여 6명의 심판강사가 교육을 담당했다.

⊃ 2011년 축구 심판 심폐소생술 교육 이수 의무화

경기 중 발생하는 심장마비에 대비하여 축구 심판의 심폐소생술(CPR; Cardiopulmonary Resuscitation) 교육 이수가 의무화 되었다. 당시 국가대표 출신인 신영록 선수가 K리그 경기 중 부정맥에 의한 심장마비로 의식을 잃어 큰 충격을 주었고 그 이전에도 아마추어 경기에서 비슷한 사례가 발생하곤 했었다.[21]

---

[21] 2008년 추계전국대학축구연맹전의 경기에서 한 공격수가 상대 골키퍼와 충돌하면서 머리를 부딪쳤고 정신을 잃었다. 그리고 심장마비 증세와 함께 혀가 말려들면서 호흡 곤란을 일으켰다. 당시 주심과 부심은 즉각적인 조치로 말려 들어간 혀를 빼내고 부심기로 고정하여 호흡이 가능하게 했다.

➲ 2012년   K리그 전임심판 50세 이하로 연령 제한

연맹은 새로운 시즌을 앞두고 K리그 심판위원장을 교체하면서 전임심판 연령제한을 도입했다. 기존에는 따로 정년을 두지 않았지만 2013년부터 본격적으로 실시되는 승강제와 스플릿 시스템에 맞춰 심판진을 재정비하고 젊은 심판원을 양성하기 위해서라는 결정이었다. 참고로 FIFA의 국제심판 정년은 45세다.

➲ 2013년   대한축구협회 산하 심판 부서 개편

KFA는 조직체계를 정비하면서 기존의 8국(경기1국·경기2국·심판국·기술교육국·국제국·사업국·홍보국·사업지원국)-1센터(파주NFC)-1실(법무실) 체제에서 심판국을 경기운영실 산하 심판운영팀으로 개편했다.

➲ 2013년   대한축구협회 산하 지역협회의 심판 행정력 강화

KFA는 기존의 신인심판 강습회 운영뿐만 아니라 활동 심판(2~3급)의 경기 배정과 승급 업무까지 시·도협회에 이관하는 작업을 진행했다. 또한, 우수한 심판을 양성하기 위해 심판감독관, 심판 교육강사 그리고 심판위원의 자격과 선발 기준을 강화했다.

빠른 조치 덕분에 병원으로 후송된 선수는 회복하여 정상적인 생활을 하고 있다. 생사가 걸린 극단적인 경우지만 때때로 유사 사례가 발생했다.

⊃ 2013년 대한축구협회 4급 축구 심판 자격증코스 개설

기존에 KFA의 초급 심판은 3급이었다. 따라서 강습회(자격증 코스)는 3급을 기준으로 개최되었는데 각급 리그의 확대에 맞춘 심판 양성 체계화를 위하여 4급이 신설되었다. 기존의 3급 강습회와 교육 내용 및 시간은 동일하지만 평가 기준이 조금 완화되었다.

⊃ 2013년 K리그 전임심판 전용 베니싱 스프레이 및 무전기 사용

연맹은 판정의 정확도를 높이고 실제 경기시간을 늘이기 위해 심판용 최신 장비를 보강했다. 베니싱 스프레이(vanishing spray)는 수비벽과 프리킥 위치를 그라운드에 표시할 때 쓰는 것으로 경기 시간이 불필요하게 소모되는 것을 줄여준다. 또한, 전보다 한층 향상된 심판 전용 무전기 아크로-에스(ACRO-S)를 도입했다. 연맹은 국내 업체와 협력하여 기존의 외국제 무전기보다 크기, 무게 그리고 가격 면에서 경쟁력을 갖췄고 주파수 승인 문제도 해결했다.

⊃ 2013년 K리그 여자 부심 첫 투입

심판의 공정성 증대 및 신뢰 구축을 촉진하기 위해 2명의 여자 국제심판이 K리그 챌린지 경기에 투입되었다. 김경민[22],

---

22) 축구 선수 출신인 김경민 부심은 2000년부터 심판으로 데뷔하여 2004년 국제심판이 되었다. 이후 FIFA 여자월드컵(2007, 2011)을 시작으로 각급 여자월드컵 및 2012 런던 올림픽에서 활약했다. 그 공로와 실력을 인정받아 2012년 AFC 여자부심상을 수상했다. 김경민 심판의 남편인 최민병 심판 또한 국제심판으로서 국내 1호 국제심판 부부로도 유명하다.

박미숙 부심은 모두 높은 수준의 심판으로 인정받고 있으며 KFA의 추천으로 연맹에 발탁되었다. 박미숙 부심보다 먼저 K리그 경기를 치른 김경민 부심은 프로축구 사상 첫 여자 부심으로 기록되었다. 두 부심은 임은주 주심 이후로 10년 만에 K리그에 모습을 나타낸 여자 심판이기도 하다.

⊃ 2013년 11월 대한축구협회 '비전 해트트릭 2033' 선포

KFA는 2033년까지 중·장기 비전을 설정하고 5대 추진목표 중 '열린 행정 구현' 부분에서 심판 관련 제도 개선을 예고했다. 첫째, 심판 행정의 일원화로써 통합관리체계를 구축하고 둘째, 심판평가관 제도 및 경기감독관 자격제도를 도입하며 셋째, 심판 배정 자동화시스템 및 심판승강제를 도입하는 것이 핵심 내용이다.

4. 축구 심판의 역할과 자격

축구 심판의 역할

경기가 시작되기 전에 주·부심, 대기심은 원활한 진행이 가능하도록 여러 가지 여건을 검토한다. 시합구, 골대 및 그물, 그라운드 등에 결함이 없는지 상태를 확인하고 양 팀의 선수 명단과 출전 선수의 복장 상태를 점검한다. 경기장과 그 주변의 상황, 기후 등 예외적인 경우에 한해서 경기를 늦추거나 취소 혹은 연기한다는 판단을 내릴 수도 있다.

경기에 들어가면 주심과 부심은 대각선심판법(diagonal system of control)[23]을 기본으로 각자의 임무를 수행한다.

2명의 부심들은 반대쪽 터치라인을 절반씩 분담하여 움직이고, 주심은 양쪽 부심의 시야를 가리지 않게끔 그라운드의 대각선으로 움직이는 방식이다. 상황에 따라서는 직선심판법, 지그재그심판법을 사용하기도 한다.

경기 종료 후에는 심판진 전원이 함께 주요 정보를 공유하며 판정에 관한 자체 모니터링을 실시한다. 이후 경기 내용에 관한 보고서를 작성하여 협회나 주관단체에 제출한다.

심판진은 경기와 관련하여 일부 면책이 적용된다. 첫째, 경기 중 선수·지도자·관중 및 관계자가 당한 부상 둘째, 경기 관련 재산상의 피해 셋째, 경기규칙에 근거하여 내린 판정 혹은 경기 진행 및 운영과정에서 요구되는 정상적인 절차에 의해 결정된 사항이 구단·유관 협회·개인·기타 단체나 기업에 끼치는 손실 등이다.

국내에서 주심과 부심의 구분은 1급 심판이 내셔널리그 수준의 경기에 배정될 단계에서 개인의 적성과 스타일, 심판 심사위원들의 평가 등을 거쳐 결정된다. 부심이 주심으로 전환하기 위해서는 K리그 2부 리그에서 주심 경험을 쌓아야 한다. 국제심판의 경우, 부심에서 주심이 되려면 2년이라는 준비 기간이 필요하다. 그러나 최근의 추세는 각 위치에 대한 전문화가 이루어지고 있기 때문에 부심의 주심 전환 시도가 줄어드는 편이다.

---

23) 오늘날 보편적으로 정착된 대각선심판법은 1930년대부터 활용되었으며, 영국 출신의 스탠리 라우스 심판에 의해 고안되었다.

주심 축구 심판 중에서도 주심은 경기의 운영에 관한 모든 권한과 권위를 부여받은 존재다. 그 존재감이 큰 만큼 책임도 막중하다. 주심은 국제축구평의회가 승인하고 FIFA가 인정한 경기규칙에 근거하여 모든 판정을 집행한다. 축구 심판이 엄파이어에서 레프리로 변모한 결정적인 이유는 선수들의 비신사적이거나 폭력적인 행위를 막고 매끄럽게 경기를 진행하는데 있다. 따라서 주심의 주요 역할은 경기 중 발생하는 반칙과 불법 행위에 제재를 가하는 것으로 볼 수 있다.

때로는 프리킥이나 페널티킥을 선언하고 반칙의 정도에 따라서는 경고와 퇴장을 부과한다. 부상을 당한 선수가 있으면 경기를 중단시키고 치료를 받게 하거나 경기장을 나가게 함으로써 보호조치를 취한다.

경기의 시작과 종료, 중지와 재개를 결정짓는 것도 주심의 권한이다. 득점 여부에 관한 주심의 판정은 최종적이지만 경기를 재개하지 않았거나 종료시키지 않았을 경우에는 부심 및 대기심의 조언에 따라(또는 주심 스스로 판정의 잘못을 깨달았을 시) 결정을 바꿀 수 있다.

부심 2명의 부심은 제1부심과 제2부심으로 나눠진다. 제1부심은 본부석 쪽 오른쪽 터치라인(하프라인 기준)을 맡으며, 2부심은 반대편 기준으로 오른쪽 터치라인을 담당한다. 부심의 활동 반경은 그 역할과 직결된다. 경기 중에 공이 선(line) 밖으로 나갔는지(out of play)를 판정하여 신호를 보내는 것이 핵심적인 임무다. 그래서 선심 또는 라인즈맨이라 불리기도 했다. 부심의 신호에 근거하여 주심은 스로인, 코너킥, 골킥 등을 선언한다. 따라서 부심의 필수품인 부심기는 움직이는 동안에도 주심이 볼 수 있도록 항상 잘 펴져 있어야 한다.

넓은 그라운드의 전 지역에서 여러 선수들이 틈만 나면 교묘한 반칙을 저지른다. 그 모두를 한 명의 주심이 관리하기란 결코 쉽지 않은 일이다. 이에 선수 교체나 주심이 보지 못한 불법 행위를 알리는 등 전체적인 경기의 진행을 돕는 존재가 부심이다.

또한, 오프사이드를 가려내는 것이야말로 부심의 결정적인 역할이다.[24] 오프사이드 판정 시 고려해야할 사항의 복잡성 및 중요성 때문에 그 정확성은 부심의 수준과 동일시

---

[24] 영국의학저널(BMJ; British Medical Journal)의 한 연구 논문은 오프사이드 판정을 정확하게 내리기 위해서는 부심이 공과 공격수, 최종 수비수 2명, 가장 전방에 있는 공격수 등 5가지 대상을 동시에 바라봐야 한다고 주장했다. 그러나 사실상 인간의 시각 및 뇌의 인지능력으로는 그것이 불가능하다고 덧붙였다. 따라서 오프사이드 판정 시비를 없애려면 경기장 곳곳에 고정 카메라를 설치하여 실시간 영상 분석을 하는 방안을 대안으로 제시했다. 과학전문지인 네이처(Nature)도 '심판들은 10회의 오프사이드 상황 중 2회를 잘못 판정한다'는 분석 기사를 내기도 했다.

되기도 한다. 오프사이드 판정은 주로 득점 여부와 밀접히 관련되어 중요성이 크다.[25] 직접적인 득점뿐 아니라 경기의 흐름을 좌우하는 상황이 많기에 부심이 가장 주의를 기울여야 하는 부분이 바로 오프사이드 판정이다.

---

25) 2010년 남아공 월드컵에 참가했던 정해상 부심은 브라질과 네덜란드의 8강 경기에서 호비뉴(브라질)의 골을 오프사이드로 무효화했다. 어려운 판정이었지만 정확하게 해낸 덕분에 일약 명성을 높일 수 있었다.

대기심 대기심은 그라운드의 본부석 쪽 하프라인(양 팀 벤치 중앙)에 위치하며 주심과 부심을 지원하는 역할을 한다. 만약 주심이 경기를 진행할 수 없을 경우, 부심 중 선임(주로 제1부심)이 주심 역할을 맡고 대기심이 나머지 부심 자리를 인계받을 수 있다. 또는, 대기심이 곧바로 주심직을 인계 받을 수도 있다. 부심 중 한 명이 경기를 진행할 수 없을 경우에도 대기심이 대체할 수 있다. 그러므로 언제든지 경기에 투입될 수 있게끔 만반의 준비를 하고 있어야 하는 대기심의 역할도 상당한 비중을 차지한다. 특별한 경우가 아니라면 대기심은 경기 전이나 진행 중 그리고 종료 후 심판진의 행정적 임무를 돕는 역할을 한다.

양 팀의 선발 출전 선수 명단을 확인하거나 교체 선수의 장비를 검사하고 전반과 후반 경기의 추가 시간을 알려준다. 또한, 선수 교체와 퇴장 그리고 경고 횟수 및 시간 등을 기록하며,[26] 필요에 따라 시합구의 교체를 관리한다. 주심이나 부심이 미처 발견하지 못했던 선수 및 지도자, 기술 지역(technical area) 내 구단 관계자의 불법 행위 및 비신사적인 행위를 알리거나 중재하는 것도 중요 임무다.

---

26) 2006년 독일 월드컵 때 한 경기에서 3장의 옐로카드를 받은 첫 번째 선수가 나왔다. 크로아티아와 호주의 경기에서 요시프 시무니치(크로아티아)가 두 번째 경고를 받았지만 퇴장당하지 않았고 세 번째 경고까지 받은 것. 그 실수로 인해 잉글랜드 출신의 그래엄 폴 주심은 물론 트리오를 구성하고 있던 부심도 귀국해야 했다. 당시 주심과 부심의 실수는 말할 필요도 없지만 대기심 조차 즉각 상황을 바로잡지 못한 것에 대한 비판이 뒤따랐다.

감독관 감독관[27]은 말 그대로 경기와 심판진을 관리하고 감독하는 역할을 한다. 보통 한 경기에는 경기감독관(match commissioner)과 심판감독관(referee assessor)이 별도로 배정되는데 두 역할을 한 명의 감독관이 겸직하는 경우도 있다. 기본적으로 경기감독관이 해당 경기 자체의 전반적인 사항을 점검한다면, 심판감독관은 심판진의 경기진행과 판정 사항에 초점을 맞춘다. 우리나라의 경우 심판원의 정확하고 공정한 평가를 위해 심판감독관을 발전시켜 심

---

27) 심판감독관은 심판위원겸 감독관(16명)과 일반 심판감독관(53명)으로 구분된다. (2012년 11월 기준) KFA는 2014년부터 기존의 명칭을 심판감독관에서 심판평가관으로 변경하여 운영한다. 심판평가관의 자격요건은 1950년 1월 1일 이후 출생자이며, 1급 심판으로 5년 이상 활동한 경험이 있고 해외여행 결격사유가 없으며 KFA 징계 이력이 없어야 한다.

판평가관을 도입했다.

감독관은 경기마다 심판진의 경기수행 능력을 항목별로 평가한다. 심판진의 경기장 도착 및 출발을 확인하고 경기 종료 후 심판진에 조언을 해주는 디브리핑(debriefing) 시간을 가지며, 해당 심판별 평점을 매기고 평가보고서를 작성하여 담당 기관에 제출한다. 감독관이 심판의 능력을 정확하게 평가하고 다음 경기 또는 대회 배정에 반영함으로써 판정의 질적인 향상을 꾀할 수 있다.

축구 심판의 자격

축구 심판은 크게 선수 출신과 비선수 출신으로 나눌 수 있다. 상급 심판 중에는 선수 출신이 상당수이며, 고등부 이

상까지 선수로 활동한 비중이 크다. 다수의 축구인들이 말하는 선수 출신 심판의 장점은 비선수 출신보다 경기 흐름을 잘 파악하고, 순간 판단력이 뛰어나며 선수나 지도자의 심리 상태를 잘 이해한다는 것이다.

최근 들어 비선수 출신의 심판이 확연히 늘어나고 있는데 선수 경력이 없다고 해서 주눅들 필요는 없다. 비선수 출신 심판의 장점도 있기 때문이다. 보통은 이론적인 공부를 더 풍부하게 하는 경향이 있으며, 넓은 시야에서 경기를 이끌어나가고 선수 및 지도자 관련 인맥이나 학연에서 비교적 자유로운 편이다. 물론 상대적일 뿐 절대적인 특성이 아님을 유의하자.

축구 심판이 되어 그라운드를 누비는데 있어서 선수 경험은 관건이 아니다. FIFA 국제심판 특별공로상을 수상했던 이우현 심판은 양심과 인격 그리고 신의야말로 심판이 갖춰야 할 3대 요소라고 역설했다. 지난 2008년 국내 1급 심판 중에서도 선별한 엘리트 심판을 대상으로 특별 강의를 진행했던 이안 블란차드 FA 심판위원장은 축구 심판에게 필요한 4가지 자질로 원활한 의사소통, 폭넓은 지식, 신체조건, 최상의 경기운영을 꼽은 바 있다.

원활한 의사소통은 언어 및 상황에 대한 이해도가 높을 때 가능할 것이다. 폭 넓은 지식에는 당연히 경기규칙이 기본적으로 포함되며, 양 팀과 선수의 전력이나 특징 그리고 경기가 열리는 국가 및 지역의 문화적 이해 등이 포함된다. 신체조건은 넓은 시야를 확보할 수 있는 키나 좋은 시력, 체력을 들 수 있다. 또한, 심판도 기업의 경영자처럼 원활하게 경기를 운영하는 능력이 요구된다.

축구 심판이 되는 것 자체는 그리 어렵지 않다. 몇 가지 요건만 갖추고 테스트를 통과하면 된다. 그러나 심판 활동을 지속하고 상급 심판으로 올라가기 위해서는 훨씬 다양한 능력과 정신력을 필요로 하게 된다.

기본적으로 심판이라면 강인한 체력이 필요하다. 실제 축구 경기에서 주심은 평균 14~15㎞, 부심은 6~7㎞ 가량을 뛴다. 평균적으로 선수 중 가장 많이 뛰는 포지션인 미드필더의 활동량이 12㎞ 정도임을 감안하면 심판의 체력 소모가 얼마나 극심할지 알 수 있다. 체력 요소를 지구력과 순발력으로 세분화할 수 있는데 굳이 구분하면 전자는 주심이, 후자는 부심에게 더 중요하다. 물론 심판이라면 모두 갖춰야 할 요소지만 지구력은 때때로 예상치 못한 순간에 중요성이 강조된다. 리그 경기는 보통 정규시간 내 마치지만 토너먼트전은 연장전과 승부차기까지 이어지기도 한다.[28] 그런 상황에서도 끝까지 경기를 이끌어나갈 수 있는 지구력은 필수인 것이다.

---

[28] 축구는 리그 정규시간(90분)에 추가시간이 더해지며, 토너먼트전에서는 연장전(30분)과 승부차기(15분 내외)까지 합쳐서 최장 2시간 정도로 볼 수 있다. 2008년 K리그에서는 판정 항의로 인해 40여분 가량 경기가 지연된 적이 있었지만 예외적인 상황이다. 야구 심판의 경우 3시간 이상 진행(참고로 국내 프로야구 최장시간 경기는 5시간 58분)되는 경기에 대비하기도 한다.

　천천히 움직이며 멀리서 바라보는 것이 공에 근접하여 따라 뛰어다닐 때보다 오심이 줄어든다는 연구 결과가 있었다.[29] 연구 결과가 모든 상황에서 들어맞는 것은 아니겠지만

---

29) 1998년 네덜란드 암스테르담 자유대학의 레이몬드 베르헤얀 교수는 과학 전문지 '뉴 사이언티스트(New Scientist)'에서 축구 심판들이 반칙 장소에 가까이 있을 때보다 멀리 있을 때, 빠르게 뛸 때보다 느리게 움직일 때 잘못된 판정이 적었다고 밝혔다.

열심히 뛰어다니기만 해서는 정확한 판정을 할 수 없다는 의미로 해석할 수 있다. 순발력은 특정한 판정이 필요한 상황에서 심판의 빠른 반응에 이은 의사결정으로 나타나며 경기운영과 직결된다. 뿐만 아니라 승패에도 영향을 미친다. 가령, 공격 상황에서 반칙이 발생할 경우 주심은 휘슬을 불거나 "Play on(경기 지속)"을 외칠 수 있다. 어느 한쪽의 판정에 따라 득점으로 이어지거나 그 기회를 날려버릴 수도 있는 것이다. 일반적으로 판정을 내리는 과정은 상황을 보고 인지한 후 생각을 거쳐 행동으로 옮겨진다(See → Recognise → Think → Act). 이 일련의 과정이 지연될수록 판정은 늦어지고 신뢰감도 떨어지게 된다. 따라서 순발력은 판정의 정확성만큼이나 중요하다.

육체는 정신의 지배를 받는다. 축구 심판에게 있어서 육체적인 부분의 비중이 절반이라면 나머지는 정신·심리적인 부분이 차지할 것이다. 그것은 평정심, 자기통제력[30], 인내심, 리더십, 정직성, 엄격함 등의 특성으로 나타난다. 축구 심판의 이러한 내적 특성은 특별한 매력 요소로 각인되는 경우도 있다.[31] 한편으로는 심판의 임무 수행 능력과 연결

---

30) 심신의 자기관리 능력을 의미한다. 축구 심판은 꾸준한 운동으로 체력을 단련하고 건강을 유지해야 한다. 개인의 기호와 무관하게 술과 담배를 끊거나 멀리하는 이들도 많다. 심판의 권위에 해를 입히지 않도록 사생활과 평소 행실까지 신경써야 한다. 사심의 배제도 중요하다. 특히, 경기 관련 중립을 지켜야 한다. 2005-06 UEFA 챔피언스리그 결승전(바르셀로나-아스날)을 앞두고 노르웨이 출신의 부심이 바르셀로나 유니폼을 착용한 사진이 공개됨에 따라 논란을 빚어 교체되기도 했다.
31) 2001년 이탈리아의 소셜 마케팅사가 15~50세의 여성 720명을 대상으로 실

되어 평가척도로 활용된다.

2002년 영국 울버햄프턴 대학연구소가 내놓은 축구 심판의 심리연구 결과에 따르면 홈팬들의 함성을 듣고 있는 심판들은 15% 정도 홈팀에게 더 유리한 판정을 내린다고 한다. 또 2005년 독일의 본대학교 노동연구소에서도 분데스리가 심판들이 보통 홈 팀에게 유리한 판정을 하며, 특히 관중석과 그라운드가 가까울수록 그 정도가 더해진다는 연구결과를 제시했다. 2006년 영국 바스대학교 연구팀도 6년간의 경기를 조사한 결과, EPL 주심들이 홈팀보다 원정팀에 더 많은 경고와 퇴장을 준 것으로 나타났다고 밝혔다. 많은 관중들이 들어차는 빅 클럽의 홈 경기장에서 편파 판정을 당했다는 상대 팀 감독들의 볼멘소리는 근거가 있는 셈이다. 이와 관련하여 심판에게는 선택적 집중력이 요구된다. 특정 팀의 승리를 바라는 관중들의 응원이나 시끄러운 경기장의 소음, 시야를 분산시키는 장애 요소에 현혹되지 않고 선수와 공의 움직임에만 집중할 수 있는 그런 능력을 말한다.

앞서 언급한 연구결과의 또 다른 시사점은 심판 또한 인간이므로 공정함을 유지하려고 애써도 심리적인 요인 때문

시한 '역할 모델의 매력도' 관련 설문에서 축구 심판이 높은 점수를 얻었고 그 중에서도 피에르루이기 콜리나가 가장 큰 인기를 끈 것으로 조사되었다. 콜리나 심판은 1996년 애틀랜타 올림픽 결승전(나이지리아-아르헨티나), 1998-99 UEFA 챔피언스리그 결승전(맨체스터 유나이티드-바이에른 뮌헨), 2002년 한·일 월드컵 결승전(브라질-독일), 2003-04 UEFA컵 결승전(발렌시아-마르세유) 주심을 맡는 등 당대 최고의 심판으로 유명하다. 그는 세리에A 심판상을 무려 일곱 차례나 수상했으며, IFFHS 선정 세계 최고 심판에 6회 연속(1998~2003) 오르는 전무후무한 기록을 남겼다.

에 판정에 영향을 미친다는 것이다. 간혹 축구 심판이 현직 지도자와 선수에 대한 콤플렉스로 인해 심리적으로 위축되는 경우가 있다. 선수 출신의 심판이 꽤 많은 편인데 대부분 부상이나 다른 이유에 의해서 진로를 바꾼 경우가 많다. 따라서 본인을 (무의식적으로) 실패로 규정하며, 그라운드에서 뛰고 있는 선수나 지도자를 부러움의 대상으로 바라보게 되는 것이다. 또한, 선수 경험이 없는 심판의 경우 일선 지도자나 선수로부터 "축구를 얼마나 아느냐?"는 불신을 받고 흔들리기도 한다. 그러나 심판은 경기규칙에 관해서는 전문가이며, 엄연히 경기의 필수 요소인 존재다. 심판으로서 자기 확신과 자부심이 필요하다.

때때로 축구 심판의 콤플렉스는 심리적인 위축과 반대로 절대 권력을 휘두르는 횡포로 표출될 수 있다. 자기 권위를 스스로 확보하기 위해서 말이다. 개인의 사심을 관여시키지 않고 평정심을 유지하기란 말처럼 쉽지 않다. 특히나 심판 스스로 판정의 실수를 깨달았을 때는 큰 시험에 직면하게 된다. 애초에 판정 실수를 하지 않으면 좋겠지만 그것은 불가능에 가깝다. 중요한 점은 자신의 잘못을 인정할 수 있는 태도이며, 그것이 심판의 판정에 대한 책임이다. 대개 심판의 무책임함은 보상 판정으로 나타난다. 자신의 잘못을 인위적으로 무마하기 위해서다. 보상 판정은 순간적인 마음의 위안이 될지 모르겠으나 결과적으로 경기 자체를 망치게 된다. 판정에 대한 실수를 깨닫더라도 일관성을 유지할 수 있으려면 자신의 잘못을 인정하는 심판의 책임감이 필요하다.

제1장 축구 심판을 말한다

현대 축구에서 선수들의 움직임은 너무나 빠르고 복잡해졌다. 따라서 경기규칙의 숙지 정도와 육체적 수행능력뿐 아니라 심판도 선수들의 경기 흐름을 앞서 읽을 수 있도록 전술 이해도를 높여야 하는 것으로 지적된다. 전술 이해도를 높이기 위해서는 지도자 못지않게 공부해야 하는 어려움이 있지만 노력의 정도만큼 지도자와 선수에 대한 이해도 달라진다.

경기규칙을 어기지 않는 선에서 유연성을 발휘하는 것도 심판의 중요한 내적 덕목이다. 경기 상황에 따라 유연하게 말과 행동으로 선수와 지도자를 관리할 수 있어야 한다. 의사소통이 전혀 없는 경기는 경직된다. 반면, 판정에 대한 설명이 많아지거나 불필요한 말을 하게 될 경우 오히려 와전되어 문제를 일으킬 수 있다. 기본적으로 심판의 말수는 줄이는 게 좋다는 암묵적인 믿음이 있으므로 최소한의 말로써 경기의 유연성을 잃지 않는 능력이 필요하다. 골 세러머니를 대하는 심판의 판정이 대표적이며, 2009년 스테보와 이동국의 골 세러머니 논란[32]을 떠올릴 수 있다. 당시의 판정

---

[32] 당시 포항의 스테보는 득점 직후 수원의 응원석 쪽으로 화살을 쏘는 세러머니를 펼쳤다. 주심은 그 세러머니의 지속 시간이 길었고 상대를 희롱, 조롱했다는 규정에 의거해 경고를 선언했다. 이후 스테보가 경고 누적으로 퇴장당하며 논란이 불거졌다. 이동국(전북)은 대구FC를 상대로 골을 넣고 코너 깃대를 차는 세러머니를 했다가 경고 누적으로 레드카드를 받았다. 당시 주심은 깃대가 넘어지지 않았다면 경고를 주지 않았을 수도 있다고 밝혔다. 이동국의 행위는 골 세러머니 규정 위반보다는 반스포츠적 행위(기물 파손)였다는 것. 스테보 사례와 함께 판정 논란이 가중되었으나 이미 시즌 전 심판 가이드라인을 통해 고지되었던 부분이었다.

은 유연성보다 엄격한 규정에 근거하여 내려졌다. 논란이 발생한 이유는 비슷한 상황에서 카드를 꺼내지 않는 심판도 있기 때문이다. 유연성을 적용한 정도의 차이지만 어느 한쪽이 절대적으로 옳다고 말하긴 어렵다. 분명한 점은 축구의 재미나 흥행이든 어떤 이유에서든 심판이 정확한 판정을 하지 않고 넘어가면 더 큰 문제를 야기한다는데 있다.

심판의 유연성이 필요한 또 다른 부분은 어드밴티지나 추가시간 적용이다. 파울이 발생해도 경기의 흐름을 끊지 않음으로써 득점 여부에 영향을 미치고 보는 이로 하여금 재미와 흥미를 주거나 빼앗을 수도 있다. 추가시간의 경우, 경기가 지연되면 추가시간 속 추가시간이 주어진다. 최초의 추가시간만이 대기심을 통해 표현되기 때문에 간혹 오해가 발생하는 이유다. 선수 교체 시 약 30초, 부상자가 발생하거나 경기가 지연됨에 따라 또 추가시간이 발생한다. 어느 정도 주심의 재량이 작용하는 부분이다.

이러한 내면의 강화를 위해서는 먼저 축구 심판 개인 차원에서 정체성을 확립하고 평정심을 유지하는 능력이 필수적이다. 더하여 제도적인 지원이 뒷받침된다. 월드컵이나 대륙별 국가대항전처럼 규모가 큰 대회에서는 심판의 심리적인 안정을 위하여 FIFA와 각국 축구협회 차원에서 정신과 전문의들을 고용하여 지속적으로 심판진이 상담을 받을 수 있게 하는 등 다양한 지원을 한다. K리그에서는 2012년부터 전임심판을 대상으로 한 심리치료 시스템을 도입하기도 했다.[33]

국제심판이라면 경기운영 못지않게 중요한 것이 외국어 능력이다. FIFA의 공식 언어는 영어, 스페인어, 프랑스어, 독일어다. 따라서 심판도 국제대회에서는 네 가지 공식 언어 중 한 가지를 써야 하고 보편적으로 영어가 통용된다. 영어를 못하면 국제심판이 되는 것부터 어렵다. 영어 구사력이 떨어지면 경기에서 심판간 의사소통이 원만하게 이뤄지지 않아 문제가 생길 확률이 높아질 수밖에 없다. 또 대회 기간에 FIFA나 AFC가 발표하는 주요 공지 사항들을 매일 숙지해야 하고 참가팀 미팅 때 각 팀이 요구하는 사항에 답을 해야 하는 등 영어는 국제심판에게 필수요소다. 그 수준은 판정에 대한 설명을 할 수 있고, 경기장에서 일어나는 실제 상황을 설명할 수 있는 정도. 그래서 영어권의 축구 중계를 청취하면서 관련 능력을 키우는 국제심판도 있다.

영어를 완벽하게 구사하기도 쉽지가 않지만 국제심판이라면 보다 많은 언어를 이해할 필요가 있다. 욕설 같은 비신사적 행위는 경고 또는 퇴장감이며, 경기에 영향을 미치기도 하는 언어폭력에 제재를 가해야하기 때문이다.[34] 2010년

---

33) EPL은 심판코치제도를 운영하고 있다. 심판 코치들은 경기 종료 후 해당 심판의 움직임과 판정 그리고 경기 운영 전반에 관한 조언 및 상담을 해준다. 그를 통해 심판 개인의 심리적, 기술적인 향상을 돕는다.
34) 2006년 독일 월드컵 결승전에서 발생한 '지단 박치기' 사건이 대표적이다. 마르코 마테라치(이탈리아)는 지네딘 지단(프랑스)에게 가족을 모욕하는 심한 욕설을 내뱉었다. 이에 격분한 지단은 마테라치의 가슴을 머리로 받았고 엘리손도 주심은 지단에게 레드카드를 꺼내들었다. 치열했던 경기는 승부차기 끝에 이탈리아의 우승으로 끝났다. 이후에 밝혀졌지만 마테라치의 욕설도 퇴장감이었다.

남아공 월드컵 당시 미국과 잉글랜드의 경기를 맡게 된 브라질 출신의 심판진은 보통 이상의 영어 실력을 갖고 있었지만 특별히 영어 욕설을 공부하기도 했다. 뿐만 아니라 영어 다음으로 널리 쓰이는 스페인어나 포르투갈어를 익히기도 한다. 그 이유도 유럽이나 남미 출신 선수들의 욕설을 알아듣기 위해서다. 또한, 여러 나라와 지역에서 경기가 열리기 때문에 항상 최상의 컨디션을 유지할 수 있는 능력이 필요하다. 문화적인 이해와 함께 기후, 음식 등에 대한 적응력도 매우 중요한 부분이다.

이제 여자 축구 심판을 경기장에서 보는 것이 낯설지 않다. 우리나라의 대표적인 여자 심판으로 임은주, 홍은아, 김경민 심판 등이 있다. 그러나 여자 심판이 지금 같은 존재감을 나타낸 지는 얼마 되지 않았다. '최초'라는 수식어로 유명한 임은주 심판은 1997년에 국내 첫 여자 국제심판이 되었고 1998년에 KFA 최우수심판상을 수상했지만 1999년이 되어서야 K리그 전임심판으로 선발되었다. 비단 국내뿐 아니라 다른 축구계에서도 여자 축구 심판에 대한 부정적인 시각이나 의구심을 갖고 있는 경우가 많다. 한때는 축구 심판의 자격에는 성별이 포함된 시절도 있었으나 지금의 추세는 확연히 달라졌다. 앞서 언급한 여러 자격요건을 갖추고 동일한 조건에서 경쟁한다면 성별의 구분은 무의미할 것이다.

심판계의 명언인 "완벽한 심판이란 없으며 완벽에 가까워질 뿐이다"라는 말처럼 여러 가지 능력을 모두 갖추는 것은 실상 어렵다. 다만 끊임없는 자기 관리와 개발로 결점을 극복해나가는 노력이야말로 축구 심판에게 꼭 필요한 자격 요건일 것이다.

5. 직업으로서의 축구 심판

축구 심판은 직업으로서 어떨까. 충분히 먹고 살 수 있는 직업일까? 일단 대답은 그렇다. 하지만 단서가 붙는다. 한국프로축구연맹의 전임심판으로 활동한다면 그렇다고 말이다. 또는 전업이 아닌 부업으로 삼는다면 역시 가능하다고 할 수 있다. 1~4급 축구 심판을 전업으로 삼기에는 경제적인 어려움이 따른다. 그래서 대부분의 축구 심판은 본업을 따로 갖고 있다. K리그 전임심판도 마찬가지다. 직업으로서 축구 심판에 접근한다면 역시 수입이 중요한 판단 요소로 고려될 것이다.

》》 2013 K리그 전임심판별 직업

	심판원	직업		심판원	직업
주심 (Referee)	고형진	축구지도자	부심 (Assistant Referee)	강도준	자영업
	김대용	자영업		강동호	전업심판
	김동진	전업심판		강이성	자영업
	김상우	회사원		김성일	교수
	김성호	축구지도자		김영하	대학강사
	김완태	자영업		김용수	농업
	김종혁	축구지도자		김정식	교사
	김희곤	자영업		김정호	자영업
	류희선	축구지도자		노수용	자영업
	매호영	자영업		노태식	공무원
	송민석	헬스 트레이너		손재선	축구지도자
	안용희	전업심판		양병은	축구지도자
	우상일	공무원		윤광열	회사원
	유선호	축구지도자		은종복	교사
	이동준	자영업		이규환	기술자
	이민후	지도자		이정민	축구지도자
	이종국	전업심판		이현웅	자영업
	정동식	생활체육지도자		장준모	전업심판

제1장 축구 심판을 말한다

	주경호	자영업	전기록	교수
	최대우	자영업	정해상	대학강사
	최명용	축구지도자	지승민	자영업
	홍진호	교사	최석길	자영업
			추공원	전업심판
			허창환	회사원

K리그 전임심판의 경우, 대부분의 경기가 주말에 열리지만 평일 경기가 있는 날도 있고 매일 체력관리를 해야 하기에 일반적인 직장 생활이 쉽지 않다. 대개 관련 분야이면서 시간적 여유와 유연성이 있는 축구 지도자 일을 겸하는 이들이 많은 까닭이다. 자영업에 종사하는 축구 심판이 많은 것도 비슷한 맥락이다. 전업심판은 손에 꼽을 정도다.

2013년을 기준으로 K리그 전임심판은 총 46명(주심 22명, 부심 24명)이다. 이들은 4등급(A~D)으로 나누어져 K리그 클래식과 챌린지에 투입된다. 등급은 3개월마다 조정[35]되는데 등급과 배정 경기의 수에 따라 총 수입이 달라진다.

기본적인 수입은 체력단련비 명목으로 월 100만원씩 주어지며, 거기에 경기수당이 더해진다. 출장 경비는 별도로 지급된다. 한 경기당 주심은 103만원에서 180만원, 부심은 57~96만원씩 경기수당을 받는다. A등급인 주심이라면 연 수입이 대략 5,000만원에서 6,000만원 정도로 그 이상인 심판도 있다. 하지만 1년간 최상급으로 꾸준히 경기 배정을

---

[35] 2011년까지 연 1회 등급 조정을 했고 2012년은 14라운드 후 1회, 30라운드 후 1회로 총 2회 심판 등급 조정을 했다.

받는 심판이 소수이며 매우 어려운 경쟁을 거쳐야하는 점을 감안해야 한다. 2012년 기준으로 K리그의 주심은 평균 3,700만원, 부심은 3,200만원을 받았다. 이는 아시아에서 일본의 J리그 다음으로 높은 수준이다.

》 J리그 심판 평균 경기수당 (2013년 기준)

구분		주심	부심
일본 J리그	1부	12만 엔 (120만원)	6만 엔 (60만원)
	2부	6만 엔 (60만원)	3만 엔 (30만원)

J리그의 주심은 연봉(고정급과 경기수당)이 1억 원 내외(평균 1000만 엔)다. 경기수당은 주심이 연 4,000만원, 부심은 2,500만원 정도다. 주심은 1년 단위 계약인데 반해, 부심은 파트타임으로 운영되기 때문에 총 급여 차이가 큰 편이다. 2013년 기준으로 J리그의 프로페셔널 레프리 13명 중에서도 최상위 등급의 심판은 3억 원(3000만 엔)에 달하는 연봉을 받았다.[36] K리그와 달리 구단 및 경기 수에서 차이가 나기 때문에 단순 비교는 무리가 있으나 참고할만하다. (외국 심판 수입은 환율에 따라 세부 금액의 차이가 날 수 있다)

---

36) J리그에는 1부에 주심 21명, 부심 46명이 있고 2부에 주심 18명, 부심 28명이 있다. 부심에 한해서 1~2부 리그를 겸임하는 경우도 있으며, 우리나라와 마찬가지로 심판 승강제가 이뤄진다. (2013년 기준)

≫ 독일 분데스리가 심판 수입 (2012-13 시즌 기준)

구분		주심			부심		대기심
		기본급	경기수당		기본급	경기수당	경기수당
1부	국제심판	4만 유로 (약 5837만원)	3천 8백 유로 (약 555만원)	국제심판	1만 5천 유로 (약 2189만원)	2천 유로 (약 292만원)	천 유로 (약 146만원)
	경력 5년 이상	3만 유로 (약 4378만원)					
	일반	2만 유로 (약 2918만원)		일반	1만 유로 (약 1459만원)		
2부		1만 5천 유로 (약 2189만원)	2천 유로 (약 292만원)		2천 5백 유로 (약 365만원)	천 유로 (약 146만원)	5백 유로 (약 73만원)

 K리그 외에 내셔널리그(실업축구), 챌린저스리그(4부 리그), U리그, 초중고축구리그, 기타 축구대회 순으로 경기당 심판비가 차이난다. 예를 들면, 내셔널리그의 주심은 경기당 12만원을 받고 고등부 및 초등부 경기의 주심은 각각 5만원과 2만 9천원을 받는다. 각급 대표팀의 연습경기에 나서는 심판진도 경기수당을 받는다. 같은 경기에서도 역할에 따라 심판비가 달라지는데 주심, 부심, 대기심의 순서로 심판비(감독관도 심판비를 받는다)는 차등 지급된다. 출장비는 심판비와 별도로 지급된다.

 2012년에 심판비가 일괄적으로 20%가량 인상되었으며 매년 조금씩 달라지고 있다. 보통 심판비는 현장 지급되며, 별도의 수당은 대회 혹은 경기 종료 후 일주일 이내에 해당 심판의 계좌로 입금하는 것을 원칙으로 한다.

국제심판의 수입은 상당히 매력적이다. 분데스리가처럼 국제심판일 경우 자국 리그에서도 보수를 더 높게 지급받는 혜택을 누릴 수 있다. 또한, 월드컵을 비롯하여 각종 국제대회에 참가 시 기본 보수에 더하여 경기 회당이 아닌 체재

일수에 따른 수당을 받기도 한다.

2010년 남아공 월드컵 당시 선발된 심판진 모두 기본적으로 5만 달러(약 5,300만원)씩 지급받았으며, 매일 150달러(약 18만원)를 추가 수당 형식으로 받았다.[37] 이는 K리그 전임심판 중에서도 A급 심판의 연봉과 맞먹는 액수다. 월드컵 심판은 주·부심의 수당 차이가 없으며, 경기 출전수당도 마찬가지다. FIFA가 주최하는 U-17 월드컵이나 U-20 월드컵에서는 1만 달러(약 1,061만원) 수준에서 지급된다. 다른 국제대회에서는 기본 보수가 줄어드는 대신에 1일당 500달러(약 53만원) 정도의 수당이 지급되는 경우도 있다.

축구가 하나의 커다란 산업으로 자리 잡은 유럽의 주요 리그에서 활약 중인 심판의 수입은 부러움을 사기에 충분하다. EPL의 전임심판들은 연봉 계약을 하며 대략 7만 파운드(약 1억 4천만원)를 받는다. 개인 수당은 없으며 연 4회 보너스가 10등급으로 차등 지급된다. 1등급 심판의 경우, 2만 5천 파운드(약 4천만원)를 보너스로 수령했다. (2008년 기준)

프리메라리가의 특급 심판은 연봉이 2억 3천만원 정도에 이른다. 일반적으로 주심은 월 1,800만원을 받고, 부심은 월 760만원 정도를 받는다. 경기 수당은 주심이 590만원, 부심

---

[37] 정해상 부심은 남아공 월드컵에 참가했던 한 달여간 5만 6천 달러(약 6,000만원) 정도를 받았다고 밝혔다. 2006년 독일 월드컵 때는 기본 보수가 4만 달러였으며, 추가 수당은 1일당 100달러였다. 1998년 프랑스 월드컵에 참가했던 전영현 심판은 한 달간 2만 8천 달러 정도를 받았으며, 올림픽에서는 한 달에 6~7천 달러를 받았다고 밝혔다. 올림픽과 대략 4배 정도의 차이로 단연 월드컵이 축구 심판들에게도 '꿈의 무대'로 여겨지는 이유 중 하나다.

과 대기심은 각 248만원, 190만원으로 역시 높은 편. 이탈리아 세리에A의 주심은 1억 8천만원에서 2억원 정도의 연봉과 경기당 684만원에 달하는 수당을 지급받는다. 부심의 연봉은 5,000만원 수준이며 수당은 180만원에 달한다.

이러한 축구 심판의 수입만 놓고 봤을 때 직업으로서의 평가는 엇갈릴 수 있다. 한국직업정보시스템에 따르면 '경기심판'의 평균 임금은 2,800만원(상위 3,300만원 / 하위 2,000만원)으로 나타났다(이는 야구 및 농구 심판 등 다른 경기 종목까지 종합한 평균치이므로 참고만 하자). 30명의 응답자(심판 재직자)는 61%의 직업만족도를 나타냈으며, 향후 관련 일자리가 증가할 것이라고 47%(현상유지 37%, 감소 16%)가 응답했다. 설문 표본 수가 많지 않기에 마찬가지로 하나의 참고 지표로 삼을 수 있다. 또, 2012년 한국고용정보원이 조사한 직업만족도에서 '경기심판'은 15.2333점(20점 만점)을 받아 255위(전체 737위 중)를 기록한 바 있다.

현실적으로 국내에서 전업 심판이 되고자 하는 사람들에게 불안정한 수입이 무엇보다 고민거리일 것이다. 한국프로축구연맹처럼 KFA도 기본급이나 월급을 주는 전임심판을 채용하길 기대할 수도 있다. 그러나 세계적인 흐름은 축구 심판에게 전업보다 겸업을 권장한다. 정년이나 체력적인 문제로 40대에 심판 활동을 그만두게 되면 앞길이 막막해지고 금전적 유혹에 빠질 수 있기 때문이다. 주 수입원을 다른 곳에 두면서 축구 심판의 고유권한을 살리고 즐길 수 있는 분위기를 조성하는 까닭이다.

FIFA의 제프 블래터 회장은 전문적인 심판(유럽의 빅 리그나 북미 등)의 연봉이 10만 유로(약 1억 3천만원) 정도는

되어야 비리를 방지할 수 있을 것이라고 주장했다. 일견 타당성은 있지만 2006년 이탈리아를 강타했던 '칼치오폴리(Calciopoli)'[38]나 독일의 심판 비리 사건을 보면 높은 수준의 보수를 받는 심판들도 잘못된 길로 들어설 여지가 있음을 보여준다. 그렇다 해도 일정 수준까지 심판의 보수를 인상하면 동기부여와 선의의 경쟁을 유도할 수 있는 효과를 보는 게 사실이다. 심판 수준 향상을 위한 하나의 방안으로 검토할만하다.

일반적으로 축구 심판이 누릴 수 있는 혜택이 정해져 있지는 않다. 경기에 나서는 선수들과 함께 호흡하며 축구인으로서 자부심을 느끼거나 판정에 대한 성취감을 얻는 정도가 아무나 경험할 수 없는 특별한 부분이다. 또한, 심판 활동을 위하여 자기관리에 철저해지고 심신의 건강을 도모할 수 있는 장점이 있다. 부업으로서 좋아하는 일을 하며 수입과 보람을 얻을 수도 있다. 그 외적인 혜택으로 다른 나라에서도 심판 활동을 할 수 있는 점을 들 수 있다. 축구 심판의 급수 체계는 국가별로 차이가 있지만 각 심판은 자국에서의 급수 수준으로 외국에서 활동이 가능하다.[39] 각국 축구협회가 FIFA의 공통적인 가이드라인을 기준으로 심판 자격을 부

---

38) 세리에A의 명문인 유벤투스, AC밀란을 비롯하여 피오렌티나, 라치오 등 무려 11개 구단이 승부조작에 연루된 초대형 사건이었다. 비리에 관여한 심판들은 정도에 따라 1~5년간 자격 정지와 벌금형의 제재를 받았음은 물론이고 법적 처벌까지 받았다.
39) 우리나라는 1급부터 4급까지 축구 심판 자격을 운영하고 있으며, 2013년부터 4급 축구 심판을 도입했다. 잉글랜드는 10등급, 미국이 14등급, 일본은 4등급까지 급수가 나눠진다.

여하기 때문이다. 특히, 어학연수나 유학을 떠나는 이들에게 활용 가치가 높다.

국제심판이라면 다양한 특혜를 누릴 수 있다. 일단 어느 나라에서나 좋은 대우를 받는다. 이동 시 항공편의 좌석은 비즈니스 클래스 이상으로 제공받으며, 전용 차량을 이용한다. 현지 숙소도 고급 호텔 객실에서 묵는다. 경기 시 최상의 컨디션으로 판정을 보라는 배려인 것이다. 또한, 여러 나라를 다니며 다양한 인맥을 형성할 수 있다. 해당 국가나 지역의 귀빈으로서 유명 인사와 함께할 기회가 주어지는 경우도 더러 있기 때문이다. 보험 혜택도 있다. FIFA는 국제심판의 사고나 부상에 대비하여 50만 달러 내외의 상해보험에 가입한다.[40] 이러한 혜택은 국제심판 스스로 자부심을 느끼게 하고, 그를 선망하는 여러 축구 심판들로 하여금 선의의 경쟁을 유도하는 효과도 있다.

축구 심판은 세계적인 선수들과 함께 그라운드에 나란히 설 수 있는 자격이 있다. 게다가 아무리 대단한 선수일지라도 심판의 판정에 따라야 한다. 그라운드 위의 페어플레이와 공정한 경쟁을 유도하는 축구 심판의 역할과 강직한 이미지는 개인에게 그대로 투영되기도 한다. 세계적인 심판인 콜리나가 특유의 이미지와 명성 덕분에 여러 차례 상업광고에 출연했듯이 말이다. 그가 수려한 용모를 가졌다고 보기

---

[40] 2013년부터 국내 심판 복지의 일환으로 단체 상해보험 등의 혜택이 확대되었다. 지난 2010년에 1급 및 2급 축구 심판 750명이 심판 복지 프로그램 차원에서 심판 보험에 가입한 바 있으며, 이전까지는 보험 혜택이 1급 심판에 한정되어 있었다.

는 어렵지만 심판복을 입고 그라운드를 누비는 모습은 아무나 흉내낼 수 없는 매력을 뿜어낸다. 우리나라에서는 임은주 심판이 아디다스 TV광고에 출연했으며, 홍은아 심판은 공정거래위원회의 홍보대사로 위촉되기도 했다.

 갈수록 국내에서도 많은 축구 심판이 필요해지므로 본업이 있더라도 부담 없이 입문할 수 있게끔 문호가 개방되고 있다. 더불어 심판의 전문성 강화를 위해 각종 심판교육이 늘어나고 있는 추세이며, 정기적인 테스트로서 관리된다.
 분명 직업으로서 축구 심판의 장래성은 있다. 그러나 장밋빛으로만 가득 찬 미래가 아님을 명심하자. 강인한 체력

과 정확한 판단 그리고 적절한 유연성까지 갖춰야하는 축구 심판. 끊임없는 자기관리와 사람들의 야유에도 굴하지 않는 정신력이 필요한 힘든 직종이다. 게다가 노후가 보장되지 않는 명예직으로 볼 수 있다. 하지만 노력 여하에 따라서 그에 상응하는 금전적 보상과 보람을 얻을 수 있는 전문직의 측면도 있다. 박해용, 정해상, 홍은아 심판처럼 학업을 병행하면서 쌓은 경험을 바탕으로 전문성을 살려 강단에 서는 사례도 귀감이 된다. 임은주 심판처럼 구단 행정가로 들어설 수도 있다.

제2장
축구 심판의 구분

제2장 축구 심판의 구분

축구 심판은 소속에 따라서 대한축구협회, 한국프로축구연맹, 국민생활체육 전국축구연합회, 대한장애인축구협회, 국제축구연맹 등으로 나눌 수 있다. 실질적으로 한국프로축구연맹의 전임심판이나 FIFA 국제심판은 대한축구협회 소속 심판이 겸임하지만 관리 주체와 활동 영역을 구분하여 다루고자 한다.

1. 대한축구협회 심판

대한축구협회는 1급부터 4급까지의 심판원을 양성 및 관리하며, 매년 1급 심판 중 국제심판 테스트를 통과한 이들을 FIFA에 추천한다. 2002년까지 KFA 심판은 1~3급을 통틀어 450여명에 불과했다. KFA는 이듬해 지역별 유소년리그 시행을 앞두고 신인심판을 양성하기 시작했다. 이어서 2009년 초중고 주말리그의 도입은 국내 축구 심판계에도 결정적인 전기를 마련했다. 신인심판을 양적으로 늘렸을 뿐만 아니라 질적인 체계도 갖춰나갔다. 그 토대는 전국 단위의 유·청소년 축구리그를 정착시킨 것이다. 학기 중 전국 규모의 토너먼트 대회를 방학 동안에만 열게 하고 주말마다 개최되는 리그제로 전환함에 따라 전국적으로 많은 숫자(매주 250경기 기준 1천명, 향후 2만 명까지 예상)의 심판이 필요했다.

≫ 국내 심판 인구 변화 추이

(단위: 명)

연도	활동여부	1급	2급	3급	무소속	소계	합계
2007	활동	300	140	455	0	895	2026
	비활동	160	117	817	37	1131	
2008	활동	264	199	416	3	882	2527
	비활동	241	144	1223	37	1645	
2009	활동	328	213	1754	4	2299	4205
	비활동	225	153	1488	40	1906	

2010	활동	474	239	2375	0	3088	5600
	비활동	140	141	2205	26	2512	
2011	활동	464	287	2572	0	3323	6738
	비활동	124	114	3151	26	3415	
2012	활동	497	313	2356	0	3166	7376
	비활동	92	99	4014	5	4210	
2013	활동	492	274	1407	0	2173	7773
	비활동	133	158	5305	4	5600	

2009년 9월, KFA의 발표에 따르면 유럽 주요 국가별 심판 인구는 아래 표의 내용과 같다. 참고로 당시 일본축구협회 소속 심판 수는 이미 10만명을 넘겼다. 다른 종목에 비해 축구가 비인기 종목인 미국에서도 14만여 명의 심판이 등록되어 있다. 또한, 심판 급수는 더욱 세분화되어 있는 점을 참고할만하다. 유럽을 비롯하여 미국 등 주요 축구협회는 대부분 인터넷을 통해 이론교육을 시행하고 주기적인 체력테스트를 병행하며 신규 심판의 접근성을 높였다.

⟫ 유럽 주요 국가별 축구 심판 인구

(단위: 명)

국가명	등록심판	활동심판
이탈리아	35,000	25,502
잉글랜드	26,000	18,000
프랑스	26,000	19,000
스페인	20,000	10,000

》》 잉글랜드와 미국의 심판 급수 체계

잉글랜드	급수		미국
Level 1. National List (Football League and Premier League)	1급		Grade 1. FIFA Referee
Level 2a. Panel Select (Conference Premier)	2급		Grade 2. FIFA Assistant Referee
Level 2b. Panel (Conference North and South)	3급		Grade 3. Professional Referee
Level 3. Contributory (Contributory Leagues)	4급		Grade 4. National Referee
Level 4. Supply (Supply Leagues)	5급		Grade 5. State Referee
Level 5. Senior County (County Leagues)	6급		Grade 6. State Referee
Level 6. County (County leagues)	7급		Grade 7. Referee
Level 7. Junior (Amateur leagues)	8급		Grade 8. Referee
Level 8. Youth (Junior Referee below age of 16)	9급		Grade 9. Recreational Referee
Level 9. Trainee	10급		Grade 12. Assistant Referee
	11급	명예직	Grade 13. Emeritus Professional Referee
	12급		Grade 14. Emeritus National Referee
	13급		Grade 15. Emeritus State Referee
	14급		Grade 16. Emeritus State Referee

KFA 심판은 7,700여명(풋살 포함, 2013년 기준)이다. 선진 사례를 적극적으로 연구하고 국내 실정에 맞는 심판 양성책을 마련하여 전보다 확연히 그 수가 늘었고 성장세를 지속하고 있다. 그러나 활동을 하고 있는 심판보다 그렇지 않은 비활동 인원이 두 배 이상 많은 실정이다. 전체적으로 3급 심판이 차지하는 비율이 가장 높다. 조금 아쉬운 부분이 있는 반면, 여자 심판은 전체 5%정도로 꾸준히 늘어나는 추세라 긍정적이다. 잉글랜드 축구협회 소속으로 활동 중인 전체 심판 수가 25,502명(2012년 기준)이며, 여자 심판이 407명(전체 대비 2%)인 점을 감안하면 우리나라 여자 심판의 인원이 상당한 수준이라 할 수 있다.

》 KFA 심판원 등록 현황 (2013년 1월 16일 기준)

구분	남자 심판원	여자 심판원	합계	기타
1급 심판	600명	30명	630명	국제심판 26명 포함
2급 심판	403명	29명	432명	-
3급 심판	5,982명	329명	6,311명	-
풋살 심판	-	-	291명	축구심판 겸임, 국제심판 포함
총합(풋살 제외)	6,985명	388명	7,373명	-
국제심판	주심	부심	총합	기타
	10명	13명	26명	풋살 2명, 비치사커 1명 포함

각급 심판은 해당 시·도협회 심판원으로 등록되어 기본

적인 경기 배정을 받게 된다.[41] 각 지역협회의 심판이사가 경기를 배정하게 되는데 기존에는 3급 심판이 초등부 및 스포츠클럽(동아리) 경기의 주·부심 혹은 중등부 경기의 부심까지 나설 수 있었다. 2급은 3급의 활동 영역부터 대학부(U리그) 주·부심까지 맡을 수 있다. 1급은 K리그를 비롯하여 내셔널리그 및 챌린저스리그 등 국내 모든 경기의 심판을 볼 수 있다. 2013년부터 급수가 한 단계 추가되면서 4급 심판이 초등부 및 스포츠클럽(동아리)간 경기의 주·부심을 맡게 되었고, 3급은 중등부 경기의 주·부심까지 관장할 수 있게 되었다.

---

41) 신인심판 강습회의 참가 신청 시 등록한 거주지 주소를 기준으로 소속 지역협회가 정해지며, 거주지 변경 등 일정한 사유에 따라 소속 지역협회를 바꿀 수 있다.

지역별로 보면 경기와 서울에 소속된 심판 인구가 단연 많은 등록수를 기록하고 있다. 이어서 울산의 활동심판 인구가 비교적 많은 편이며, 1급 심판 수도 상위권에 든다. 활동 중인 2급 심판은 서울보다 울산이 더 많다. 지역의 축구 열기를 짐작할 수 있는 대목이다. 한편, 2013년부터 세종특별자치시가 추가되었는데 1명의 3급 심판이 첫 등록하며 새로운 시작을 알렸다.

≫ 지역별 KFA 심판 등록 현황

(단위: 명)

지역	활동여부	1급	2급	3급	소계	합계
서울	활동	78	22	171	271	1303
	비활동	21	30	981	1032	
인천	활동	17	7	51	75	275
	비활동	1	6	193	200	
대전	활동	20	12	76	108	317
	비활동	4	8	197	209	
대구	활동	21	12	64	97	299
	비활동	6	6	190	202	
울산	활동	40	36	139	215	554
	비활동	7	10	322	339	
부산	활동	24	11	92	127	507
	비활동	9	10	361	380	
광주	활동	21	10	66	97	334
	비활동	8	6	223	237	

제주	활동	18	14	23	55	166
	비활동	8	6	97	111	
경기	활동	85	56	277	418	1421
	비활동	25	28	950	1003	
강원	활동	31	15	44	90	301
	비활동	6	7	198	211	
충북	활동	21	8	44	73	329
	비활동	2	4	250	256	
충남	활동	15	15	54	84	220
	비활동	3	4	129	136	
경북	활동	21	12	104	137	374
	비활동	12	3	220	237	
경남	활동	38	15	55	108	452
	비활동	5	10	329	344	
전북	활동	17	13	99	129	505
	비활동	7	11	358	376	
전남	활동	25	16	47	88	268
	비활동	9	9	162	180	
세종	활동	0	0	1	1	1
	비활동	0	0	0	0	
무소속	활동	0	0	0	0	145
	비활동	0	0	145	145	
합 계	활동	492	274	1407	2173	7771
	비활동	133	158	5305	5598	

KFA에서 심판 관련 업무를 담당하는 조직으로는 심판위원회와 심판운영팀이 존재한다. 먼저 심판위원회는 KFA의 7대 분과위원회 중 하나로서 1명의 심판위원장과 부위원장 약간인 그리고 15인 이내의 심판위원으로 구성되어 있다. 참고로 KFA에 등록된 팀의 지도자는 심판위원 또는 감독관을 겸임할 수 없다. 대한축구협회 정관 제51조에 명시된 바에 따르면, 심판위원회는 축구 심판의 양성·배정·관리·포상·징계의 건의 등 심판과 관련한 제반 사항을 관장할 목적으로 설립되었다. KFA 심판위원회의 주요 역할은 다음과 같다.

> 첫째, 경기규칙의 해석과 적용에 관한 사항
> 둘째, 심판의 교육, 등급사정, 양성 및 유지
> 셋째, 심판원, 심판위원, 감독관, 강사 등에 대한 활동관리
> 넷째, 심판배정, 공정한 심판을 위한 관리 및 감독
> 다섯째, 심판감독관과 심판원의 배정에 관한 사항 및 고과 평정 결과 보고
> 여섯째, 국제심판원의 자격 심사 및 추천
> 일곱째, 심판원에 대한 포상 및 징계 건의

KFA는 심판위원회와 별도로 실무적인 담당부서로서 심판운영팀을 두고 있다. 과거 심판실과 심판국을 거쳐 2013년 조직개편을 통해 심판운영팀으로 변경되었다. 기본적으로 국내 축구의 심판 업무를 총괄하는 행정부서로 볼 수 있다. 심판운영팀은 KFA가 주최하는 대회나 리그 경기에 심판을 배정하는 역할도 한다. 그 범위는 K리그를 제외한 모

든 부분으로 볼 수 있다.

여기에서는 학생축구리그(U리그, 초중고축구리그, 유·청소년클럽리그), 챌린저스리그, 내셔널리그, WK리그, FK리그 같은 각급 리그와 그 외 단기전인 여러 대회 중 FA컵 및 전국비치사커대회의 심판을 설명한다.

학생축구 심판

국내 축구 심판계가 비약적인 성장을 이룰 수 있었던 계기는 다양한 활동 무대가 등장하면서부터였다. 그 무대란 다름 아닌 각급 학생축구리그다. 2008년 대학부 리그인 U리그를 시작으로 전국 초중고축구리그(2009년)와 유·청소년클럽리그(2010년)가 연달아 막을 올리면서 많은 심판들이 함께 양성되었다. 이제 초등리그나 유소년클럽축구리그 (U-12)는 초급 심판들이 필수적으로 거쳐야하는 관문으로 여겨진다.

❯❯ 2013년 학생축구리그 현황

구분	U리그	초중고축구리그	유·청소년클럽리그
개최권역	8	80	92
참가팀	76	732	663
총 경기수	699	6,840	3,500(이상)

시범리그 형태로 운영되었던 초기의 U리그는 수도권 지역의 10개 대학팀으로 첫 선을 보인 뒤 꾸준히 성장하고 있다. 초중고축구리그와 유·청소년클럽리그의 성장 폭은 훨씬 크다. 가장 늦게 시작한 유·청소년클럽리그만 보더라도 초기 16개 권역, 총 503경기에서 단기간 6배 규모로 확대되었다. 학생축구리그는 전체적으로 계속 커지는 추세다. 그만큼 여러 지역에서 축구 심판을 필요로 하며, 좋은 경험을 쌓을 수 있는 기회가 늘어날 것으로 예상된다.

❯❯ KFA 학생축구리그 심판상 수상자

시상연도	초등리그	중등리그	고등리그	U리그
2009	한창희	김태양	김철용	-
2010	김진영	김형근	김대용	-

2011	-	우창민	하수열	김동인 주심 김무환 부심
2012	정종선	최승진	박상범	박치환 주심 강현우 부심
2013	오병훈	지승현	최재현	김철용 주심 최종선 부심

챌린저스리그 심판

2007년에 3부 리그격인 K3리그가 10개 팀으로 출범한 이래, 2013년까지 18개 팀이 참가하는 챌린저스리그로 확대되었다. 그만큼 경기 수도 늘어나 심판들의 활동 무대가 넓어졌다. 초기 94경기 106명의 1급 심판이 그라운드를 누볐고, 2013년에는 225경기 118명으로 증가했다. 경기수가 증가한 정도에 비해 활동 심판의 증가는 크게 느껴지지 않을 수 있다. 이는 초기에 비해 KFA가 주최하는 리그 및 대회가 많아지면서 심판들이 분산된 결과로 해석된다.

챌린저스리그에서 활동하는 심판의 두드러진 변화는 주심과 부심의 구분, 여자 심판의 활약을 들 수 있다. 리그 초기에는 동일 심판이 어떤 경기에서는 주심으로, 다른 경기에서 부심으로 나서기도 했다. 하지만 각 영역의 전문화 추세에 따라 주심과 부심의 역할이 정착되었다. 상급 여자 심판이 증가하면서 챌린저스리그에서도 그 모습을 전보다 자주 볼 수 있게 되었다. 김경민 부심이 대표적이다. 챌린저스리그를 발판으로 하여 WK리그, 내셔널리그로 진출하는 여자 심판이 늘어나고 있다.

▶▶ 챌린저스리그 심판상 수상자

시상연도	최우수심판상	우수심판상
2011	김유진	오재찬
2012	김영수	김상훈
2013	박필준	설귀선

내셔널리그 심판

2003년에 출발한 K2리그는 2006년부터 명칭을 내셔널리그로 변경했다. 2013년 K리그 챌린지가 출범하기 전까지 꾸준히 2부 리그의 위치를 지키고 있었다. 그동안 프로심판이 만들어지는 과정에서 등용문의 역할을 해왔다고 할 수 있다.

  내셔널리그의 주최측인 한국실업축구연맹은 '내셔널리그 대회규정 24조(제소)'에서 심판 판정에 대한 제소가 불가함을 명시하고 있다. 심판의 권위 향상을 위해 규정에 명문화하는 한편, 원활한 소통을 위해 2008년부터 시즌 전 모든 구단 관계자가 참석한 워크샵에서 심판강사를 초빙하여 경기규칙을 교육하고 있다. 2012년부터는 경기규칙 교육과 별도로 심판과의 대화 시간을 추가했다.

  KFA와 중국축구협회간 심판 교류사업의 일환으로 중국 슈퍼리그에서 활동하던 심판들이 건너와 내셔널리그 일부 경기에 출장하기도 했다. 특히 2012년에 가장 활발한 심판 교류가 이뤄졌다.

》》 내셔널리그의 역대 중국 심판 배정 현황

일자	경기대진	주심	부심
2010년 10월 15일	천안시청-충주험멜	Zhang Lei	Liu Guiqing
2010년 10월 19일	고양국민은행-안산할렐루야	Bai Hua	Zheng Songge
2012년 4월 14일	용인시청-수원시청	Zhao Liang	Liu Guiqing Shao Honggeng
2012년 4월 21일	인천코레일-천안시청	Xu Fuxin	Yu Yue Wu Lei
2012년 5월 4일	부산교통공사-고양KB국민은행	Chen Gang	Zhan Wei Zhang Qiangj in
2012년 5월 11일	고양KB국민은행-인천코레일	Bai Hua	Zhang Miao Liu Xun
2012년 5월 18일	안산 H FC-부산교통공사	Jin Gang	Yang Li Wang De Xin

2011년에는 관중평가단 제도를 운영하며 매 경기 설문을 통해 심판 판정을 비롯하여 경기력과 서비스 만족도 등을 조사했고, 불법비리 근절을 목표로 한 구단에 동일한 심판을 연속 배정하는 것을 제한했다. 또한, KFA 심판위원회와 협의를 거쳐 2012년부터 판정 불신을 줄이고자 경기 이틀 전 심판진 명단을 홈페이지에서 공개하고 있다. 또, 선수단의 복지개선과 경기규칙 이해를 위하여 심판 자격증 취득 기회를 적극적으로 제공하는 노력을 기울이기도 했다.

내셔널리그 심판상 수상자

시상연도	최우수주심	최우수부심
2006	이강욱	-
2007	김성호	이현웅
2008	김종혁	윤순용
2009	이강욱	문용배
2010	김종혁	이정민
2011	이천수	노수용
2012	최대우	김성일
2013	김동인	최민병

WK리그 심판

2009년 출범한 WK리그는 KFA와 한국여자축구연맹이 주최하는 여자실업축구리그다. WK리그는 K리그와 달리 전임 심판제를 운영하지 않기 때문에 KFA 소속의 1급 축구 심판이 배정된다.

WK리그 원년에 '숫돌이 심판'으로 유명세를 탔던 김미옥 주심이 여자 주심으로는 드물게 8경기에 출장했고, 주심으로 활동한 심판은 총 38명이었다. 반면, 46명의 부심 중 여자 심판이 다수였고 이슬기(14경기), 김경민(12경기), 양선영(12경기), 나수경(주심 1경기, 부심 11경기) 심판 등이 대부분의 경기에 출장했다.

매년 WK리그에서 여자 심판의 비중이 커짐에 따라 2013년까지 확연히 달라진 위상을 확인할 수 있었다. 먼저 총 39명인 주심의 경우 정지영, 차성미, 박지영, 나수경 주심 등 여자 심판의 배정 비율이 대부분을 차지했다. 부심(총 25명)은 일부를 제외하고 거의 여자 심판이 전담하다시피 했다. 출장 횟수를 살펴보면 양선영(23경기), 김경민(22경기), 이슬기(19경기), 박미숙(18경기), 추숙희(15경기) 부심 순이었다.

어느 리그나 마찬가지겠지만 중요도가 가장 높은 경기는 챔피언결정전이다. 책임이 막중한 만큼 당연히 최고 수준의 심판진을 투입한다. 이제까지 열린 WK리그 챔피언결정전의 대부분은 남자 심판이 주축이었다. 그런 상황에서 의미 있는 변화가 감지됐다. 2013년에는 여성으로만 구성된 심판진이 처음으로 챔피언결정전을 책임진 것이다.

≫ WK리그 챔피언결정전 심판진

연도	경기대진	주심	부심
2009	1차전(고양대교-현대제철)	이영춘	장준모
			강도준
	2차전(현대제철-고양대교)	이강욱	윤순용
			하수열
2010	1차전(현대제철-수원시설)	김숙희	이슬기
			양선영
	2차전(수원시설-현대제철)	김대용	김경민
			박미숙
2011	1차전(고양대교-현대제철)	송민석	이슬기
			이지훈
	2차전(현대제철-고양대교)	김대용	박미숙
			김진홍
2012	1차전(현대제철-고양대교)	서동진	김진영
			김진홍

	2차전(고양대교-현대제철)	홍창기	서무희
			이지훈
2013	1차전(서울시청-현대제철)	정지영	추숙희
			박연화
	2차전(현대제철-서울시청)	차성미	이슬기
			박미숙

WK리그와 국내 여자 심판의 발전은 그 궤를 같이한다. 임은주 심판이 국내 심판계에 혜성처럼 나타난 이후 여러 여자 국제심판들이 그 뒤를 이었다. 이제 상급으로 갈수록 성별 구분이 무의미할 정도로 높은 판정 실력을 자랑하지만 초기에는 남녀 심판의 기량 차이가 발생할 수밖에 없었다. 결정적으로 기존 체계에서는 여자 심판의 활동 폭이 제한적이었다. 때문에 WK리그 출범은 여자 심판이 활동할 수 있는 무대와 훈련 기회를 마련해주는 좋은 계기가 되었다.

또 하나의 고무적인 소식은 WK리그 간판 심판의 K리그 진출이다. 2013년 김경민, 박미숙 부심이 K리그 챌린지 경기에 투입되었다. 2부 리그지만 엄연한 남자 프로리그로서 상징성이 크다. 여자 부심으로는 최초이며(참고로 K리그 2군리그에서 뛰었던 최초의 여자 부심은 최수진 심판이다), 여자 심판으로서는 1999~2003년 전임심판으로 활약했던 임은주 주심 이후 10년만이다. 이러한 맥락에서 WK리그는 우수한 여자 심판원 양성 및 배출의 창구 역할을 하는 셈이다. 앞으로 더 많은 여자 심판을 경기장에서 만날 수 있을 것이다.

FK리그 심판

한국풋살연맹이 운영하는 FK리그가 2009년 12월 출범함에 따라 그 기점으로 풋살 심판[42]의 인원도 급증했다. 주로 풋살 심판과 축구 심판을 겸임하는 경우가 많은데 풋살 심판 자격은 별도로 취득해야 한다.

2009년부터 풋살 심판 강습회도 체계적으로 이뤄지고 있다. 교육기간은 3일(1일 9시간)로 이수 후 이론 및 실기 시험, 체력테스트를 통과해야 한다. 체력테스트는 1,000m 달리기, 스피드와 민첩성 테스트로 구성된다. 1,000m 달리기는 4분 내 완주해야 한다. 스피드테스트의 경우 10m 구간을 10초 내 4회 왕복해야 한다. 민첩성테스트는 20.5초 이내에 30m 구간을 왕복해야 하는데 중간에 10m 구간을 한 바퀴 더 돈다.

각 테스트를 '1,000m 달리기-15분 휴식-스피드테스트-5분 휴식-민첩성테스트-5분 휴식-스피드테스트-5분 휴식-민첩성테스트' 순으로 이어서 모두 통과해야 자격을 취득할 수 있다. 체력테스트에서 기본적으로 지구력과 순발력이 중요하지만 축구 심판은 지구력이, 풋살 심판은 순발력이 상대적으로 강조된다.

FK컵대회[43], FK 2군리그, 유·청소년 풋살대회의 추가

---

[42] 풋살은 축구 경기의 규칙과 유사하지만 일부 다른 점이 있다. 오프사이드가 없고 사전고지 없이 선수 교체가 가능한 점 등으로 인해 심판진의 구성과 역할의 차이가 난다. 풋살 경기에서 심판진은 주심(referee)과 제2주심(second referee) 그리고 2명의 부심(축구에서의 부심과 같은 역할이 아닌 대기심과 시간 기록원의 임무)으로 구성되는 것이 특징이다.

도입과 함께 더욱 많은 풋살 심판이 양성되고 있는 추세이며, 2013년을 기준으로 290여명의 풋살 심판이 등록된 것으로 나타났다.

KFA 소속 축구 심판과 마찬가지로 풋살 심판 인구도 경기 및 서울 지역에 편중된 경향이 있다. 풋살장 같은 인프라의 조성이 잘 되어 있기 때문에 풋살을 즐기는 인구도 많고, 자연스럽게 심판 활동으로 이어지는 경우가 많아서다. FK리그에 참가하고 있는 9팀 중 5팀이 경기(용인FS, 판타지아부천FS)와 서울(FS서울, 서울광진풋살구단, 서울은평FS)을 연고로 하는 것은 우연이 아니다. 덕분에 풋살 심판도 활동하기 좋은 여건을 갖추고 있다.

그 다음으로는 대구와 경북 소속의 풋살 심판 수가 많은 편인데 예스구미FC, 경산오성FC 같은 풋살구단이 존재하고 다수의 아마추어 풋살팀과 선수들이 활동하는 것에서 원인을 찾을 수 있다.[44] 부산 소속의 풋살 심판도 꾸준히 배출되고 있으며 활동이 왕성한 편이다.

---

43) FK컵대회에서 2011년(최우수심판상 : 조형택 심판/우수심판상 : 이병은 심판)과 2012년(이영운 심판)에 심판상이 수여된 바 있다.
44) 남부권에서는 드물게도 두 팀이 대구·경북 지역을 연고로 FK리그에 참가하고 있다. 나머지 두 팀은 전북권에 전주매그풋살클럽과 충북 제천FS가 있다.

>> 지역/연도별 풋살 전임 및 겸임 심판원

(단위 : 명)

지역	2008년	2009년	2010년	2011년	2012년	2013년
서울	8	8	28	32	50	42
인천	2	2	10	15	19	16
대전	1	1	2	4	8	6
대구	5	6	14	15	26	24
울산	3	3	5	9	22	19
부산	2	2	4	5	29	21
광주	3	3	7	7	6	6
제주	0	0	0	2	2	2
경기	3	3	31	58	89	74
강원	0	0	2	2	2	1
충북	5	5	6	12	12	10
충남	1	1	1	4	4	3
경북	4	4	7	14	28	19
경남	2	2	4	4	10	6
전북	0	0	1	1	6	5
전남	1	3	4	5	6	6
무소속	39	36	32	31	31	31
합계	79	79	146	196	290	291

풋살 심판도 매년 국제심판으로 선발되어 활동할 수 있다. 국내에서는 2005년에 김장권[45], 구자민 심판이 처음으

---

45) 김장권 심판은 축구 심판 출신으로 2001년부터 풋살 심판으로 전향했다.

로 FIFA 풋살 심판으로 선발되었다. 이후에도 지속적으로 평균 2명씩 FIFA 풋살 심판이 나오고 있다.

기타 축구대회 심판

이후 2005년부터 2013년까지 FIFA 풋살 심판으로 활약했다.

KFA가 주최하는 대회 중 가장 큰 규모인 'FA컵'에는 K리그 클래식 및 챌린지, 내셔널리그, 챌린저스리그, U리그 등 성인리그의 거의 모든 팀들이 총망라된다. 토너먼트 대회의 특성상 단판승부인 점, 하부리그 팀과 상위리그 팀이 맞붙기도 하는 점은 경기의 중요성을 배가시키기에 충분하다. 따라서 심판진의 부담도 적지 않다.

　이따금 하부리그 팀은 심판진이 상위리그 팀에게 어드밴티지를 주는 것 아니냐는 일종의 피해의식을 갖고 경기에 임하는 경우가 있으며, 상위리그 팀으로서는 패배 시 자존심이 구겨지므로 판정에 더욱 민감한 반응을 보인다. 이러한 분위기 속에서 경기를 원활히 진행하도록 1급 심판 중에서도 국제심판이나 K리그 전임심판 등 최고 수준의 심판이 FA컵에 투입된다.

　한편, KFA는 FA컵의 대회 규정에서 심판상 시상 및 상금에 관한 규정[46]을 별도로 두고 있다. 2005년부터는 심판의 권위를 세우고자 주심과 부심으로 구분하여 심판상을 수여하고 있으며, 2011년은 수상자가 없다.

---

[46] 심판상 수상자에게는 상금(주심 2백만원, 부심 1백만원)과 트로피가 수여된다.

❯❯ FA컵 심판상 수상자

시상연도	주심	부심
2004	권종철	-
2005	최명용	김선진
2006	박상구	박기도
2007	권종철	정준철
2008	김종혁	윤순용
2009	최광보	김계수
2010	윤석빈	정해상
2011	-	-
2012	이종남	원창호
2013	김상우	김용수

 심판 활동의 또 다른 영역으로는 여름에 한시적으로 열리는 'KFA 전국비치사커대회'를 들 수 있다. 2000년부터 대한축구협회가 주최하고 있으며, 심판진의 구성은 풋살과 유사하다.[47] 일반 축구 심판과 차이점은 복장에서부터 찾을 수 있다. 심판복은 같지만 경기 장소가 모래구장인 만큼 축구화와 양말의 착용 없이 맨발인 점이 특징이다. 또 2명의 주심이 경기를 관장하는데 제2주심보다 주심의 판정이 우선 적용된다. 대기심은 경기장 밖에서 벤치를 통제하고 주심을 돕는 역할을 한다. 시간기록원(timekeeper)이 부재한 상황에서 대체할

---

[47] 국제 비치사커 대회에서 매치 오피셜(officials)의 구성원은 주심(referee), 제2주심(second referee), 부심(third referee & timekeeper)에 대기심(fifth official)까지 추가된다.

부심이 없다면 주심이 그 역할까지 겸해야 한다.

국내에서는 아직 비치사커가 활성화된 상황은 아니지만 2007년부터 2013년까지 매년 1명씩 FIFA 비치사커 심판이 배출되었다.

》》 비치사커 심판상 수상자

시상연도	심판원
2009	김원택
2010	-
2011	김원택, 홍성호
2012	안광진, 조순식

2. 한국프로축구연맹 전임심판

한국프로축구연맹은 1996년부터 본격적으로 전임심판제를 운영하고 있다. 전임심판제는 KFA 1급 심판 중에서도 일정한 자격을 갖추고 엄선된 심판만을 K리그 경기에 출장시키는 제도다. K리그 전임심판은 주심과 부심으로 구분되며, 초기에 비해 인원이 꾸준히 늘어났다(1996년 주심 8명, 부심 8명 → 2013년 주심 22명, 부심 24명). 2003년에는 준전임심판제를 도입하여 전임심판 결원 시 충원이 가능하도록 했다.

이제 프로심판의 연봉 6천만원 시대가 열렸으며, K리그 심판 관련 예산도 2012년에 17억원으로 확대됐다. 연맹은 KFA와 별도의 심판위원회 및 심판위원장을 두고 있으며, 독립적으로 경기에 심판 배정을 하고 있다. 심판 관련 행정업무는 K리그 경기운영본부에서 담당한다. 또 매 시즌 중에 3회 우수심판(주·부심 각 약간명)을 선정하여 포상하며, 연말에는 최우수심판을 뽑아서 트로피와 상금(주심 500만원, 부심 300만원)을 시상한다.

K리그 전임심판의 자격 요건은 우리나라 나이로 41세 이하(신규 기준)이며, 국제심판 경력자 또는 KFA 1급 심판 자격 소지자로 내셔널리그 이상의 경기 및 국제 경기에서 최소 10회 이상의 경험이 있어야 한다. 전임심판의 정년은 50세까지다.

연맹은 전임심판의 자질 향상을 위하여 기존에 연 1회였던 체력테스트를 2013년부터 3회로 늘렸고 수시 교육을 강화했다. 심판 판정에 대한 평가도 엄격하다. 각 전임심판별로 경기감독관의 현장평가, 판정분석위원회 분석담당위원의 경기 후 영상 분석, 심판위원장 평가가 매 라운드별 다면평가로 이뤄진다. 작성된 평가표는 연맹이 종합 분석하여 전임심판 교체 시 활용한다. 전임심판의 재계약은 1년마다 이뤄지며, 매년 평균 10~15%의 전임심판이 교체된다.

판정분석위원회의 경기 영상 분석을 통해 오심이나 실수가 판명나면 해당 심판에게 소명 기회를 주고 보수 교육을 받게 한다. 그 심각성에 따라 배정 정지나 하부 리그에서 경험을 쌓게 하는 경우도 있는데 그래도 해당 심판이 개선되지 않을 경우 퇴출되기도 한다. 관련하여 2010년부터 '5분 더 프로젝트'와 함께 심판 승강제를 실시하고 있다. 초기에는 1부 심판은 K리그 경기를, 2부 심판은 2군 리그와 클럽 산하 유스 리그(U-18)인 챌린지리그에 투입시켜 선의의 경쟁을 유도했다. 이제는 K리그 클래식 및 챌린지를 통해 심판 승강제가 이뤄진다.

K리그 승강제의 도입 원년인 2013년부터 심판의 공정성 강화를 위해 다양한 노력을 기울이고 있다. 연맹은 심판의 공정성 강화와 오해나 논란의 여지를 차단하기 위해 심판진의 경기 배정을 비공개로 변경했다. 심지어 함께 배정된 동료 심판이 누구인지 알 수 없도록 했으며, 주심인지 대기심인지도 현장에서 확인할 수 있게 했다. 또한, 경기감독관도 심판전용 무선기를 활용하여 심판진의 판정 상황을 실시간 모니터링하고 조언을 할 수 있게 했다. 경기 후에는 영상 분석을 통해 경기 중 발생한 경고, 퇴장의 미적용 혹은 오적용이 확인될 시 해당 선수에게 제재를 부과하거나 감면하여 오심 판정으로 인한 피해를 줄여나가고 있다. 연맹은 K리그

1경기에서 평균 43.1개의 심판 판정(파울, 경고, 퇴장, PK, 오프사이드)이 이뤄지는데, 2013년 시즌의 분석 결과 90%가 넘는 판정 정확도를 나타냈다고 밝혔다.[48]

전임심판들은 국내 최상위 리그에서 뛰는 만큼 많은 관심을 받고 있으며 경기에 나서는 구단과 선수, 팬들로부터 즉각적인 판정 피드백을 체감하게 된다. 그만큼 최상의 판정 능력을 갖춰야만 전임심판 자리를 유지할 수 있는 것이다. 이에 연맹은 연봉계약제를 도입하여 전임심판진이 한 시즌 동안 안정적으로 심판 활동을 할 수 있게 보장하며, 최상의 실력을 유지·향상시킬 수 있도록 연맹 차원의 체계적인 관리가 이뤄진다. 전임심판의 보수는 경기수당, 체력단련비, 출장비(필요경비)로 구분된다. 또한, 경기 도중 그리고 경기 전후에 발생할 수 있는 상해 사고를 고려하여 상해 보험에 가입해야 하는데 연맹이 비용을 부담한다.

그동안 K리그 전임심판제는 국내 엘리트 심판의 산실로서 선도적인 역할을 수행해왔다. 2000년부터 국내 프로스포츠 사상 최초로 심판진의 전지훈련을 실시했고, 2009년에는 아시아 최초로 6심제를 도입했다. 헤드셋이나 베니싱 스프레이 같은 새로운 심판 장비의 사용도 아시아에서 주도적인 위치에 있다.

2005년부터 시작된 '국내 프로심판 육성정책(심판 발전 프로젝트)'에 따르면 연맹은 2020년 전까지 아시아 프로축구 1부 리그에 K리그 심판들을 진출시키고 이후에는 유럽

---

[48] 잉글랜드의 심판기구인 PGMOL에 따르면, 2012-13 시즌 EPL 심판진의 판정 정확도는 94.1%인 것으로 분석했다.

같은 큰 무대로 활동 영역을 넓히려는 목표를 갖고 있다. 이미 K리그 심판들은 아시아에서 최고 수준으로 인정받고 있으며, 상향평준화가 이뤄진 것으로 평가된다. 우리나라 선수들이 유럽의 빅 리그로 이적하듯이 K리그 심판들이 해외에서 뛰는 모습을 볼 날도 머지 않았다.

» 한국프로축구연맹 심판상 수상자

시상연도	심판상	최우수주심상	최우수부심상
1983	-		
1984	나윤식		
1985	최길수		
1986	심건택		
1987	박경인		
1988	이도하		
1989	-		
1990	길기철		
1991	이상용		
1992	노병일		
1993	김광택		
1994	박해용		
1995	김진옥		
1996		김용대	김회성
1997		이재성	곽경만
1998		한병화	김회성
1999		한병화	김용대

2000		이상용	곽경만
2001		김진옥	김계수
2002		권종철	원창호
2003		권종철	김선진
2004		이상용	원창호
2005		이영철	원창호
2006		이영철	안상기
2007		이상용	강창구
2008		고금복	손재선
2009		최광보	원창호
2010		최명용	정해상
2011		최광보	김정식
2012		최명용	김용수
2013		유선호	손재선

3. 전국축구연합회 심판

대한축구협회 축구 심판이 체계를 갖추기 전에는 전국축구연합회 축구 심판의 활동 폭이 지금보다 넓었던 시기가 있었다. 2002년 한·일 월드컵을 앞두고 국내 축구 열기가 높아지자 조기축구회와 동호인 축구가 더욱 활성화되었다. 엘리트 축구대회도 점차 늘어남에 따라 많은 축

구 심판이 필요했다. 이제는 축구 심판을 지망하는 이들이 대한축구협회가 주최하는 강습회를 통해 입문과 승급을 하는 것이 보편화되었지만 2000년대 초반까지는 전국축구연합회 출신 심판이 특채되는 경우가 상당수였다. 월드컵 무대까지 누볐던 김영주 주심이 대표적이다.

현재의 전국축구연합회 축구 심판은 아마추어 축구 대회와 경기만을 담당한다. 심판 휘장도 대한축구협회와 다른 전국축구연합회 고유의 휘장을 사용한다. 항상 존재하는 판정 불만을 줄이기 위해 전국축구연합회 차원에서 우수한 심판 양성을 위해 많은 공을 들이고 있다. 또한, 1999년 첫 여자 심판이 탄생한 이후 전국축구연합회 축구 심판이 되고자 하는 여성 지망자도 꾸준히 증가하고 있다.

전국축구연합회도 자체적인 심판위원회를 두고 있으며 국내 축구 심판계에서 명망이 높은 심판 출신으로 임원진을 구성하고 있다. 이들은 심판 강습회의 특별 강사로서 강연을 하기도 한다.

전국축구연합회 축구 심판도 1급부터 3급까지 급수 체계를 갖추고 있다. 신규 심판의 경우, 이틀간 신규 심판교육을 받은 후 필기시험과 체력[49] 및 실기 테스트를 통과해야 한다. 신규 심판의 선발 및 관리는 지역별 축구연합회에서 담당하며 교육 참가비는 3만 5천원 정도다.

---

[49] 40m 달리기는 6회를 달리며 매회마다 달린 후 90초간 휴식시간을 갖는다. 1회 실패 시 6회째가 끝난 직후 한 번의 기회가 더 주어지며 또 다시 실패하면 탈락 처리된다. 150m 달리기와 50m 걷기는 연령별, 성별에 따라 제한시간과 lap 수가 조금씩 달라진다. 1 lap은 '150m + 50m + 150m + 50m = 400m'를 의미한다.

》 40m 달리기

시 간 \ 구분	남자 심판원	여자 심판원
시 간	6.6초	6.8초

》 150m 달리기 + 50m 걷기

구 분	1968년 이전 출생 남자 심판원		1969년 ~ 이후 출생 남자 심판원		여자 심판원	
	150m 달리기	50m 걷기	150m 달리기	50m 걷기	150m 달리기	50m 걷기
시 간	35초	45초	35초	45초	35초	50초
lap 수	400m x 7회		400m x 8회		400m x 7회	

3급으로 시작하여 일정한 경기 경험과 테스트를 거치면 승급을 할 수 있다. 전국축구연합회 1급 축구 심판은 '전국1급 전담심판'으로 불리기도 하는데 명칭 그대로 전국 단위의 대회를 전담하게 된다. 주로 1~2월에 전국1급 신규 심판 체력검정 및 승급시험이 개최되며, 2~3월에는 심판 양성교육이 이뤄진다. 전국1급 전담심판은 전국축구연합회 차원에서 선발 및 관리된다.

2013년 3월에 전국1급 전담심판은 421명이 선발되었는데 서울과 경기권에 가장 많이 분포하고 있으며 그 뒤로 전북, 인천, 경남 등의 순이다. 전북과 인천 지역의 전국1급 전담심판은 KFA 1급 심판보다 많다.

❯❯ 전국축구연합회 1급 전담심판 현황 (2013년 기준)

(단위: 명)

지역	인원
서울	220
부산	10
대구	11
인천	18
대전	11
울산	5
경기	33
강원	17
충북	12
충남	14
전북	19
전남	13
경북	16
경남	18
제주	4

 전국축구연합회는 아마추어 축구대회라도 높은 수준과 열기를 감안하여 보다 체계적이고 전문적인 운영을 위해 심판감독관을 도입하고 있다. 각 지역별 축구연합회의 심판위원장은 당연직 감독관 자격을 부여받으며 감독관 교육을 이수하면 활동이 가능하다. 전국1급 전담 심판 중에서도 5년 이상 활동경력과 소속 지역 축구연합회의 추천이 있을 시 교육 및 시험 과정을 거쳐 심판감독관이 될 수 있다.

4. 대한장애인축구협회 심판

대한축구협회의 교류단체인 대한장애인축구협회는 전문인력 양성사업으로 장애인축구 심판원 양성 및 관리를 총괄한다. 대한장애인축구협회는 2007년에 창립된 만큼 장애인축구 심판을 체계적으로 양성한 기간이 그리 길지 않다. 대한장애인축구협회 산하 위원회 중 심판위원회가 있으며, 장애인축구 심판의 양성·구성·배정·감독과 상벌 건의 등 제반 사항을 관장한다. 대한장애인축구협회 심판위원회의 세부 기능은 다음과 같다.

1. 장애인축구 경기규칙의 해석과 적용 등 공정한 심판을 위한 책임과 감독
2. 심판 위원, 감독관, 강사 등의 활동관리 및 심판원 관리
3. 장애인축구 심판의 교육, 등급사정, 양성 및 유지
4. 심판감독관과 심판원의 배정에 관한 사항 및 고과평정결과보고
5. 국제심판원의 자격심사 및 추천
6. 심판원의 상벌건의

아직은 장애인축구의 저변이 넓지 않기 때문에 심판 강습회가 자주 열리고 있지는 않다. 연 1~2회, 주로 6월에 개최된다. 대한장애인축구협회 홈페이지를 통해 심판 강습회 공

지가 이뤄지며 선착순으로 40명의 참가자를 모집한다. 참가자격은 장애인축구 등록 팀 지도자이거나 장애인축구 선수 출신(등록선수 포함)이어야 한다. 그 외에는 장애인축구에 관심을 갖고 있는 자로서 분과 또는 지역별 장애인축구협회나 장애인체육회의 추천서를 받아야 한다. 심판 강습회 참가비는 10만원으로 3박 4일간 진행된다.

⟫ 대한장애인축구협회 심판 강습회 개최 현황

개최일자	장소
2007년 11월 2~4일	강릉K빌리지축구센터
2007년 11월 23~25일	일산홀트복지타운
2008년 6월 3~5일	풍납복지관, 송파시각장애인축구장
2008년 6월 20~22일	아차산 배수지 운동장
2009년 4월 10~12일	강릉K빌리지축구센터
2010년 4월 15~17일	이천장애인종합훈련원
2010년 7월 21~23일	이천장애인종합훈련원
2012년 6월 18~21일	천안축구센터
2012년 9월 5~7일	천안축구센터
2013년 6월 18~21일	천안축구센터

대한장애인축구협회 심판이 되기 위해서는 각 평가 항목을 100점으로 환산했을 때 항목당 50점 이상, 종합 평균 60점을 넘겨야 한다. 평가 항목은 출석, 인성, 이론평가, 실기평가다. 강의를 2회 이상 불참 시 불합격 처리되며, 수강 태도 및 심판원의 자세로 인성을 평가하는 것이 특징이다. 이론 및 실기 강의에는 장애 유형별 축구 규정이 포함된다. 장

애인축구 심판은 FIFA의 경기규칙을 바탕으로 하되 장애 유형별로 달리 적용하는 경우도 있으며,[50] 자체적인 심판 휘장을 사용한다.

5. 국제축구연맹 심판

FIFA 휘장이 수여되는 최고 등급의 축구 심판이 바로 국제심판이다. 국제심판의 정년은 45세까지다. 원래 50세까지였으나 1991년 관련 규정이 개정되었다. 축구선수와 연령 차이가 벌어짐에 따라 경기 수준을 따라가기 어렵다는 판단에서였다. 전 세계를 통틀어 국제 축구 심판의 수는 2728명(남 2113명, 여 615명)에 불과할 정도로 연령 제한뿐만 아니라 선발 조건이 까다롭고 경쟁률도 높다.

남자 국제심판의 국적은 200개국으로 다양한 분포를 나타내며, 아무리 빈국이라도 1명 이상의 국제심판을 보유하고 있는 것이 특징이다. 여자 국제심판은 상대적으로 적은 140개국에 분포되어 있다.

---

[50] 지적장애인 및 청각장애인 축구는 11인제로 FIFA 규정과 동일하다. 뇌성마비장애인축구(7인제)와 시각장애인축구(5인제)는 경기 인원의 차이에 따라 규정도 조금 다르게 적용된다. 시각장애인축구의 경우 축구나 풋살과 비슷한 규칙이지만 농구처럼 팀 파울이 있는 것이 차이다. 심판진도 주심 2명, 대기심 1명으로 구성된다.

》 FIFA 남자 국제심판 (2013년 7월 기준)

피파 랭킹	국가명	국제심판 수(남)
2	독일	20
6	이탈리아	20
9	브라질	20
20	멕시코	20
1	스페인	19
7	포르투갈	19
17	러시아	19
23	프랑스	19
4	아르헨티나	18
15	잉글랜드	18
5	네덜란드	17
10	벨기에	17
11	그리스	17
16	스위스	17
22	미국	17
28	우크라이나	17
31	스웨덴	17
33	루마니아	17
50	스코틀랜드	17
54	오스트리아	17
57	터키	17
75	폴란드	17
8	크로아티아	16
25	노르웨이	16

27	덴마크	16
32	헝가리	16
37	일본	16
43	한국	16
52	이란	16
52	불가리아	16
58	우즈베키스탄	16
85	U.A.E.	16
100	중국	16
105	사우디 아라비아	16

각국의 국제심판 수는 기본적으로 피파 랭킹과 비례하여 나타낸다. 특히, 독일이나 스페인 그리고 브라질 등의 소위 축구강국은 명성에 걸맞게 최다 인원의 국제심판을 보유하고 있다. 우리나라 남자 국제심판은 16명(풋살 등 제외 인원)으로 아시아권의 주요국과 비슷한 수준인데 FIFA가 구분하는 A~C그룹 중 A그룹에 속한다. 반면, 여자 국제심판의 인원은 일본, 북한, 중국보다 1명이 적은 7명이지만 잉글랜드나 이탈리아와 동률을 이룬다.

우리나라 전체 국제심판의 수는 세계적으로 상위권에 속하며 양뿐만 아니라 질적으로도 좋은 평가를 받고 있다. 조금 아쉬운 점은 경기운영에 있어서 높은 점수를 받지만 외국어(영어) 능력이 상대적으로 부족하여 최상위 수준에 미치지 못하는 것으로 지적되는 부분이다. 아시아에서는 일본과 호주의 국제심판이 최상위 수준으로 인정받는다.

〉〉 FIFA 여자 국제심판 (2013년 7월 기준)

피파 랭킹	국가명	국제심판 수(여)
2	독일	8
3	일본	8
4	브라질	8
5	스웨덴	8
6	프랑스	8
9	북한	8
17	중국	8
18	스페인	8
24	멕시코	8
27	벨기에	8
31	폴란드	8
35	루마니아	8
43	미얀마	8
48	카메룬	8
58	그리스	8
65	터키	8

125	칠레	8
7	잉글랜드	7
12	이탈리아	7
16	한국	7
23	우크라이나	7
32	나이지리아	7
36	헝가리	7
41	슬로바키아	7
45	세르비아	7
49	가나	7
55	불가리아	7
55	이란	7
63	크로아티아	7
66	카자흐스탄	7
125	에콰도르	7
125	파라과이	7
125	베냉	7

각국에서 엄선된 특급심판들은 FIFA 국제심판 휘장을 동일하게 달지만 이들에게도 보이지 않는 등급이 있다. 평가 지표에 따라 배정되는 대회나 경기의 차이가 엄연히 존재한다. 가령 최고 수준의 무대는 월드컵이며, 그 뒤를 올림픽, 각 대륙의 컵대회 순으로 잇는다. 아시아권에서는 아시안컵, 아시아경기대회, 동남아시아경기, AFC 챔피언스리그, 클럽 컵대회, 친선경기 순으로 권위를 인정받는다. 국제축구역사통계연맹(IFFHS; International Federation of Football History &

Statistics)은 직접적으로 매년 세계 최고의 남자/여자 심판의 순위를 매기고 있다.

》 IFFHS 심판 랭킹 2013

남자 심판원			랭킹	여자 심판원		
포인트	국적	심판원		심판원	국적	포인트
102	잉글랜드	Howard WEBB	1	Bibiana STEINHAUS	독일	112
82	이탈리아	Nicola RIZZOLI	2	Jenny PALMQVIST	스웨덴	57
53	헝가리	Viktor KASSAI	3	Esther STAUBLI	스위스	55
42	독일	Felix BRYCH	4	Carina VITULANO	이탈리아	48
40	터키	Cüneyt CAKIR	5	Kateryna MONZUL	우크라이나	37
38	네덜란드	Bjorn KUIPERS	6	Kirsi HEIKKINEN	핀란드	31
35	포르투갈	Pedro PROENCA	7	Cristina DORCIOMAN	루마니아	30
29	우즈베키스탄	Ravshan IRMATOV	8	Teodora ALBON	루마니아	3
22	스페인	Carlos VELASCO CARBALLO	9	Pernilla LARSSON	스웨덴	2
				Amy FEARN	잉글랜드	2
17	이탈리아	Gianluca ROCCHI	10	-	-	-

모든 심판들의 결승점은 월드컵이다. 국제심판이 되기도 어렵지만 월드컵 심판이 되려면 상상을 초월하는 노력이 필요하다. 특히, 월드컵에서 결승전의 주심으로 배정되는 것은 최고의 심판임을 상징한다. 실제로 월드컵 결승전 주심과 당해 기준으로 IFFHS가 선정한 '세계 최고의 심판'은 거의 일치한다. 아무나 누릴 수 없는 큰 영광을 1930년 우루과이

월드컵 이래 단 19명만이 누렸다. 그나마도 유럽 출신의 주심이 대다수였다. 1980년대 들어서야 유럽을 벗어난 국적의 주심이 월드컵 결승전의 휘슬을 불었다. 남미 출신의 주심이 3회, 북중미와 아프리카의 주심이 1회씩 이름을 올렸다. 아직 아시아나 오세아니아권의 국제심판 중에서는 월드컵 결승전을 경험해본 이가 없다.

❯❯ 역대 FIFA 월드컵 결승전 주심

연도	개최국	주심	국적
1930	우루과이	Jean Langenus	벨기에
1934	이탈리아	Ivan Eklind	스웨덴
1938	프랑스	Georges Capdeville	프랑스
1950	브라질	George Reader	잉글랜드
1954	스위스	William Ling	잉글랜드
1958	스웨덴	Maurice Guigue	프랑스
1962	칠레	Nikolay Latyshev	소련(USSR)
1966	잉글랜드	Gottfried Dienst	스위스
1970	멕시코	Rudi Glockner	서독(West Germany)
1974	서독	Jack Taylor	잉글랜드
1978	아르헨티나	Sergio Gonella	이탈리아
1982	스페인	Arnaldo Cezar Coelho	브라질
1986	멕시코	Romualdo Arppi Filho	브라질
1990	이탈리아	Edgardo Codesal	멕시코
1994	미국	Sandor Puhl	헝가리
1998	프랑스	Said Belqola	모로코

2002	한국/일본	Pierluigi Collina	이탈리아
2006	독일	Horacio Elizondo	아르헨티나
2010	남아프리카공화국	Howard Webb	잉글랜드

국제심판은 이색 직업을 가진 사람들이 많아서 더욱 눈길을 끈다. 경영컨설턴트·변호사·공인회계사·치과의사·교수 등 전문직 종사자도 있는 반면, 축구 지도자·보험중개인·식품점 주인·가게 점원처럼 다소 평범한 직업도 있다. 그리고 시인·의학자료 분석가·방사선 촬영기사·앵무새 사육사, 경찰관 등 독특한 본업을 가진 심판들도 다수 있다.

제3장
축구 심판 되기

제3장 축구 심판 되기

KFA는 다른 종목에 비해 가장 체계적인 심판 시스템을 구축하고 있다. 현재 야구, 농구, 배구, 핸드볼 등 다른 구기종목도 각 협회 차원에서 심판 양성과정을 운영하고 있지만 그 체계와 규모, 접근성, 등록심판 및 활동 인구는 축구 심판에 비할 바가 못 된다.

참고로 야구심판 양성 과정으로는 KBO 야구심판 양성과정, 한국야구심판아카데미, 대한야구심판아카데미 등이 있다. 대한배구협회는 지역협회와 연계하여 주요 권역별로 연 1~2회씩 강습회를 개최하고 있으며, 대한농구협회는 연 1~2회 수도권에서 신인심판교실을 운영하고 있다. 대한핸드볼협회는 최근들어 산하 아카데미 기관을 통해 심판을 양성한다.

축구 심판으로 활동하려면 우선 강습회[51]를 통하여 자격을 취득해야 한다. 강습회는 KFA를 비롯하여 국민생활체육 전국축구연합회, 대한장애인축구협회에서도 개별적으로 개최하고 있다. 국내 축구 심판은 4급부터 시작하여 정해진 요건을 충족하면 급수가 올라가는 승급 방식이다. 심판 자

---
51) 대한축구협회에서는 '4급 신인심판 강습회' 혹은 '4급 축구 심판 자격증코스'라는 표현을 혼용해서 쓴다. 여기에서는 '강습회'로 표기한다.

격 취득 후 5년 이상 경기에 투입되지 않으면 자격이 말소되는데 이후 다시 강습회에 참가하여 모든 테스트를 통과하면 재취득이 가능하다.

여기에서는 국제심판과 K리그 전임심판으로 연계가 되는 KFA의 심판 입문 과정을 중점적으로 다루고자 한다. 내용의 출처는 대한축구협회 심판 홈페이지(http://joinkfa.com/referee 또는 www.simpan.or.kr)와 개인적인 경험[52], 전·현직 심판 인터뷰, 기타 자료를 바탕으로 한다.

---

52) 필자는 3급 축구 심판 자격 취득자로서 2012년 3월 31일부터 4월 15일까지 경남대학교에서 열린 심판 강습회에 참가했었다.

1. 국내 축구 심판

신인심판 강습회

대한축구협회는 2009년 5월부터 3급 심판 강습회를 16개 시·도협회별로 연중 상시 개최해왔다. 2013년에 4급 축구 심판을 도입함에 따라 하반기부터 4급 심판 강습회가 열렸다. 2014년부터는 3급 강습회를 개설하지 않고 4급 강습회로 대체한다. 여기에서는 3급 강습회를 기준으로 하되 4급 과정도 함께 소개한다.

강습회 장소는 각 지역의 주요 대학교[53]나 기업 연수원 등을 주로 활용하고 있으며, 보통 3주간 주말을 이용한 6일 과정으로 진행한다.[54] 이제 만 15세 이상의 대한민국 국적이면 누구나 참가 가능하며, 전형료 3만원(군 코스는 면제)을 입금해야 한다.[55] 본인의 거주 지역이 아닌 타 지역의

---

53) 3급 심판 강습회를 확대 개최했던 2009년 당시 국민대(서울 지역), 경희대(경기 지역), 동의대(부산 지역), 울산대(울산 지역), 계명대(대구 지역), 청주대(충북 지역), 배재대(대전 지역), 호남대(광주 지역), 호서대(충남 지역), 단국대(충남 지역), 영남대(경북 지역), 한국국제대(경남 지역), 전주대(전북 지역) 등 13개 지역 대학에서 열렸다.

54) 심판 교육을 원하는 군부대가 있는 경우 군인들을 대상으로 3급 심판 강습회가 특별히 열리기도 한다. 2009년부터 KFA는 해병대와 연계하여 심판 자원 확보, 민·군 연계활동을 통한 군 이미지 고취 및 전역자의 사회 적응과 공헌에 기여하기 위해 강습회를 꾸준히 개최하고 있다. 이후 국군 전체로 강습회 개설을 확대하고 국방일보를 통해 심판 강습회의 홍보를 실시했다.

55) KFA 축구 심판 규정 제13조 '4급 심판원 교육 및 자격부여'에서는 응시 자격의 나이가 만 12세 이상이며, 좌우 교정시력이 1.0 이상, 해외여행에 결격사유가 없어야 한다고 명시되어 있다. 교육기간은 3~5일로 이론 및

강습회에 참가할 수도 있다. 강습회 일정은 시·도협회별로 약간의 차이를 보일 수 있으나 기본적으로 아래와 같다.

❯❯ 신인심판 강습회 일정

구분	토요일	일요일
1주차	이론교육(9~18시)	이론교육(9~18시)
2주차	이론교육(9~18시)	필기시험 / 체력테스트
3주차	실전훈련(9~18시)	실전훈련(9~18시)

이론교육은 심판감독관과 심판강사 그리고 상급 심판으로 구성된 강사진[56]이 담당한다. 이론교육이 끝나면 필기시험이 이어지는데 평이한 수준에서 출제된다. 65점 이상을 획득해야 통과다. 축구 심판은 그라운드에서의 실전이 무엇보다 중요하지만 이론 지식이 그 토대가 되므로 경기규칙서를 꾸준히 정독할 필요가 있다.

실기평가에서 각 60점 이상을 획득하고 체력측정에 합격해야 자격을 취득할 수 있다.

56) KFA 심판강사로는 수석강사는 2명, 전국강사 7명, 지역강사 26명이 있다. (2012년 11월 기준) 기본적으로 심판강사는 심판 활동 경력이 뛰어난 자로서 국제심판 경험이 있거나 심판강사 코스를 수료한 자로 구성된다. 그 외 초빙강사가 있다.

 다음 단계는 일명 쿠퍼테스트[57]로 불리는 체력테스트가 기다리고 있다. 축구 심판에 입문하기 위해서 가장 고비라고 할 수 있는 관문이다. 체력테스트는 40m와 150m 코스가

---

57) 미국의 의사인 케네스 쿠퍼는 1968년에 저서인 'Aerobics'를 통해 '유산소 운동'이라는 개념을 정립했다. 이후 대표적인 유산소운동으로서 '12분 달리기 테스트'와 '2.4km 달리기 테스트'를 고안했다. 유산소운동이 널리 전파되면서 쿠퍼의 이름을 붙여 쿠퍼테스트 혹은 쿠퍼링이라 부르고 있다.

있다. 먼저 40m 스프린트 테스트를 정해진 시간(1회당 남자 6.4초/여자 6.8초) 내 6회 통과해야 한다. 축구는 공의 움직임에 따라 순간적인 움직임이 잦기 때문에 순발력과 민첩성을 확인하는 테스트로 볼 수 있다. 40m 스프린트 테스트를 통과한 참가자는 150m 달리기를 하게 되는데 상당한 체력이 필요한 난코스다. 실제로 참가자가 주로 탈락하게 되는 지점이기도 하다. 150m 달리기 후 50m를 걷는 것까지가 1회로 총 14회를 소화해야 한다. 쉽게 보면 400m 트랙을 일곱 바퀴(4급은 다섯 바퀴) 도는 것에 불과하지만 역시 정해진 시간(남자 150m 달리기 30초/50m 걷기 40초, 여자 150m 달리기 35초/50m 걷기 45초)이 있어 만만치 않다.

체력테스트를 통과하고 나면 사실상 축구 심판에 가까워 졌다고 볼 수 있다. 그러나 방심은 금물이다. 실전훈련에서는 말 그대로 실제 경기에 투입되어 주심 및 부심의 임무를 수행해야 하므로 이론적 지식, 체력, 판단력 등 모든 능력을 총동원해야 한다. 실전훈련을 마치고나면 어떤 판정을 내렸는지 떠오르지 않을 정도로 긴장된 시간을 보내게 된다. 판정의 실수가 발생하는 것은 어쩌면 당연한 상황이기 때문에 당황하지 않고 끝까지 집중력 있게 경기를 마무리 하는 것이 관건이다. 그리고 65점 이상을 획득하면 심판 강습회 수료증이 제공된다.

강습회 종료일로부터 2주 후 KFA 심판 홈페이지에서 합격 확인이 가능하며, 3주가 지나면 해당 시·도협회의 심판원으로 등록되어 축구 심판 자격이 부여된다. 심판 증명서는 온라인상에서 출력할 수 있다. 거주지, 학업, 직장 등 변경사유가 있을 시 소속 지역협회의 변경이 가능하다. KFA는 축구 심판 규정에서 심판원(referee)을 '협회가 발급하는 심판원 자격증을 취득한 후 심판 활동을 하는 자'로 규정하고 있는데 엄밀한 의미에서 자격 취득만으로는 심판이라 말하기 어렵다.

축구 심판 자격을 취득하면 곧바로 경기에 나설 수 있지만 보통은 판정 모니터링과 이미지 트레이닝, 선배 심판의 조언 등 약간의 준비기간을 거치기도 한다. 이러한 준비기간은 신인심판의 자질 향상에 도움이 될뿐더러 배정과 연결된다. 축구 심판으로 해당 시·도협회에 등록되더라도 활동 중인 기존 심판들에게 경기배정 연락이 우선적으로 돌아간다. 검증되지 않은 초보 심판에게 처음부터 경기가 배정되지 않는 것은 어쩌면 당연하다. 따라서 자격 취득 후 심판으로 활동하고 싶다면 실력은 기본이며, 연고지역의 대회나 경기(주로 전국적으로 꾸준히 열리는 초중고축구리그 및 유·청소년클럽리그)에 자주 방문하여 분위기를 파악하고 관계자들과 좋은 인간관계를 형성하는 과정이 필요하다. 강습회에서 배우지 못한 현장의 가르침을 스스로 익히고 자신의 존재감을 드러내는 노력에서 경기 배정이 가까워진다고 볼 수 있다.

≫ 축구 심판 인터벌 테스트

구분		국내심판		심판 급수별 실시 횟수			비고
		150m (달리기)	50m (걷기)	1~2급	3급	4급	
주심	남자	30초	40초	10 lap 이상 실시	7 lap 이상 실시	5 lap 이상 실시	150m * 2 = 1 lap
	여자	35초	45초				
부심	남자	30초	45초				
	여자	35초	50초				

승급 체계

3급 심판으로만 활동할 수도 있지만 보통은 일정한 요건을 갖추어 승급 시험에 임한다. 2급으로 올라가기 위해서는 3급 심판으로서 2년 이상, 중등부 이하의 경기에서 40경기 이상을 소화해야 한다.[58] 또한, 경기규칙 관련 필기시험 및 실기평가에서 70점 이상을 획득하고 체력테스트를 통과해야 한다. KFA가 실시하는 연간 보수교육도 이수해야 한다.

1급이 되기 위해서는 2급 심판으로서 2년 이상의 심판 활동과 고등부 이하의 경기를 50경기 이상을 치러야한다. 그리고 필기시험 및 실기평가에서 80점 이상을 획득하고 체력테스트 및 승급심사를 통과해야 1급 심판이 될 수 있다. 1급이 되면 성인 경기까지 심판으로 활동할 수 있다. 보통은 2년차부터 U리그 같은 대학부 경기에 투입된다. 이후 챌린

---

[58] 이제 4급 심판부터 3급으로 올라가기 위해서 승급 시험을 거쳐야 한다. 초등부 이하의 경기에서 연 30경기 이상 1년간 활동해야 3급으로 올라갈 수 있다.

저스리그, 내셔널리그 순으로 경기에 나서게 된다. 1급 심판으로 활동하면서 두각을 나타내면 프로 및 국제 심판에 도전할 수 있는 기회가 주어진다. 축구 심판은 급수에 상관없이 연말에 개최되는 체력테스트를 통과해야 다음 시즌 배정이 이뤄진다. 또한, 자격을 갱신해야 한다.

KFA는 전체 축구 심판이 1,300여 명 정도이던 2009년까지 '심판 가속 프로그램'을 운영하기도 했다. 각종 대회나 주요 리그에서 활동 중인 2~3급 심판을 대상으로 해당 급수에 비해 실력이 뛰어날 경우 특별히 상급 심판으로 승격시켜주는 제도였다. 엘리트 선수로 활동한 경력을 인정하여 2급 심판으로 특채되기도 했다. 전영현 심판이 대표적인 사례다. 당시에는 상급 심판의 수가 부족하여 많은 충원이 필요한 시기였기 때문에 적극적으로 특채 시스템이 활용되었다. 김영주 심판은 1987년 전국축구연합회 심판으로 데뷔했는데 이듬해 곧바로 KFA 1급 심판에 발탁되기도 했다. 이후 임은주, 김종혁[59] 심판 등이 가속 프로그램을 통해 선발되었다.

국내에서는 최상위 리그인 K리그가 모든 심판들이 선망하는 목표일 것이다. KFA 1급 심판 자격은 K리그 전임심판이 되기 위한 기본 요소다. 그전에 반드시 내셔널리그 심판을 거쳐야 한다. 내셔널리그에서 뛰는 70여명의 심판 중 고과 평가에서 10% 이내에 들어야 승격(또는 발탁) 대상이 된다. 내셔널리그에서 K리그로 올라가기까지 일반적으로 6~9년이 소요되며, 평균적으로 한 해 7~8명이 진출한다. 체력테스트의 수준도 한층 강화된다. 40m 스프린트의 경우 남자 주심은 6.2초, 여자 주심은 6.6초 내 통과해야 한다.

---

[59] 김종혁 심판은 고등학교까지 축구선수로 뛰었다. 19세에 축구 심판에 입문하여 21세 때 1급 자격을 취득했고 그로부터 6년 뒤, 국제심판이 되었다. 젊은 주심으로서 두각을 나타내며 내셔널리그 심판상(2008, 2010), FA컵 심판상(2010), KFA 심판상(2012)을 수상했다. AFC 엘리트 레프리 및 최연소 K리그 전임심판으로 활동 중이다.

2. 국제 축구 심판

1급 심판 중 2년 이상의 경력과 대학부 이상[60]의 경기에서 주심 10회, 부심은 20회를 넘게 소화한 경우 국제심판 시험에 응시할 수 있는 자격이 주어진다. 자격시험은 100점 기준으로 실기평가(55%), 영어평가(45%)[61]와 같이 구성되며, 체력테스트까지 통과해야 한다.

≫ 40m 스프린트 제한시간 비교

구분	국제심판(FIFA)		국내심판(KFA)	
	남자	여자	남자	여자
주심	6.2초	6.6초	6.4초	6.8초
부심	6.0초	6.4초	6.2초	6.6초

체력테스트는 정해진 시간 안에 40m 달리기를 총 7회 중 6회 이상 통과해야 한다. 매회 달리기 후 90초의 휴식시간이 주어진다. 또 제한된 시간 내 150m 달리기와 50m 걷기를 최소 10랩(lap) 이상(신규 국제심판은 12랩)으로 완주하

---

60) 남자 심판은 내셔널리그 이상(FA컵, 내셔널선수권대회 포함)의 경기에서 최소 주심 5회, 부심 10회 출장 횟수가 필수적이다. 또는, K리그 주심 4회 혹은 부심 8회 이상 배정받은 경험이 있어야 한다. 여자 심판은 WK리그에서 주심 3회, 부심 6회 이상이 필수요건이다. 해당 경기들을 근거로 활동 평점(감독관 보고서)을 매기고 배점 처리함으로써 실기평가 점수가 산출된다.
61) 생활영어(10%)와 경기관련 영어(10%) 평가로 구성된 영어회화 및 영어필기평가(경기규칙 10%, 경기상황 보고서 작성 15%)로 구성된다.

는 인터벌 테스트도 포함되어 있다. 1회 실패 시 경고를 받고, 2회 실패 시 탈락하게 된다. 그 다음은 혈압, 심전도, 청력, 시력과 색신 검사, 치아검사 등 모두 8가지 항목을 보는 신체검사를 통과해야 한다.

》》 인터벌테스트 비교

구분		국제심판(FIFA)		국내심판(KFA)		비고
		150m (달리기)	50m (걷기)	150m (달리기)	50m (걷기)	
주심	남자	30초	35초	30초	40초	
	여자	35초	40초	35초	45초	150m * 2 = 1lap
부심	남자	30초	40초	30초	45초	
	여자	35초	45초	35초	50초	

KFA 심판위원회는 시험을 통과한 이들을 심의하여 FIFA에 국제심판으로 추천한다. FIFA의 심판위원회는 추천 내용을 검토한 뒤, 특별한 결격 사유가 없다면 각국 협회의 의견을 존중하여 대부분 이를 인정한다. 우리나라의 국제심판은 1951년에 7명을 시작으로 최근까지 매년 26~27명이 배출되고 있으며, 그 인원과 수준은 세계적으로도 상위 그룹에 속한다. 통상적으로 심판 입문 후 국제심판이 되기까지는 최소 6년 이상의 시간이 소요되었다.

국제심판으로 확정된 이들은 우선 소속 대륙연맹에서 주최하는 경기에 설 수 있는 자격이 주어진다. 우리나라의 경우, AFC의 리크루팅 과정[62]을 통해 'AFC Development

Group' 세미나에 참가할 수 있는 국제심판이 선발된다. 세미나에서도 상위 30% 수준의 엘리트 국제심판을 선별하며, 나머지는 'Development Group'에 머무르거나 하위 30%는 탈락하게 된다. 최명용, 김동진, 김상우, 김종혁, 고형진, 이민후 심판 등이 AFC 엘리트 레프리 출신이다.

AFC 심판위원회는 아시아 내 엘리트 국제심판(AFC Elite Referees) 중에서도 같은 국적 또는 언어권 국가의 국제심판들로 트리오[63]를 구성하여 AFC 챔피언스리그, 각종 아시

---

[62] 후보자의 나이는 37세 미만이어야 한다. 리크루팅은 AFC TOP ELITE 심판감독관(우리나라의 경우 권종철 전 심판)으로부터 2경기 이상에서 8.5점 이상(10점 만점)을 획득해야 합격이다.
[63] 월드컵 심판 선발 방식은 '트리오(trio)' 시스템이다. 후보들은 같은 언어권

아권 A매치와 월드컵 지역예선, AFC 청소년축구대회, 아시안컵 등에서 경험을 쌓게 한다.[64] 이후 FIFA 주관 대회(컨페더레이션스컵, 세계청소년대회, 월드컵 등)가 열리게 되면 각 대륙연맹으로부터 심판을 추천받아 테스트를 통과한 경우에 한해 FIFA의 공식대회에서 심판 활동을 허가한다.

국제심판이 되더라도 주기적인 테스트와 경기 평가를 받고 각종 교육을 수료해야 한다. 매년 자격을 갱신해야 하기 때문에 끊임없는 자기관리와 개발이 필요하다. 사실상 현상유지는 어렵고 발전 혹은 도태로 갈라지게 되는 구조다. 게다가 정년이 45세까지로 정해져 있으니 국제심판이라면 한정된 기간에 최종 목표를 향해 달려 나가야 한다. 꿈의 무대인 월드컵을 향해서 말이다. 축구 선수가 그렇듯이 심판에게도 최고의 무대는 월드컵이다. 국제심판이라면 이미 전 세계 상위권에 속하는 수준이지만 월드컵 심판은 그 중에서도 최고라 불린다.[65] 따라서 많은 명예와 금전적 보상이 주어지고 그만큼 경쟁도 상상을 초월한다.

(영어, 스페인어, 프랑스어, 독일어) 혹은 대륙권의 주심 1명, 부심 2명이 한 팀으로 구성되어 평가받는다. 3명 중 1명만 불합격해도 3명 모두 탈락하는 공동운명체다. 따라서 함께 실력을 향상시켜야 하며 최상의 팀웍을 형성해야 한다. 본선에서도 한 명의 심판이 자칫 실수를 하거나 부상을 입어도 트리오가 함께 고국으로 돌아가야 한다.

64) 가장 최근이었던 2010년 남아공월드컵에 참가했던 정해상 부심은 일본인 심판인 니시무라 유이치 주심, 사가라 토루 부심과 2007년부터 호흡을 맞췄다. 니시무라 유이치 주심은 FIFA 클럽월드컵 결승전(2010)을 맡기도 했다.
65) 2010년 남아공월드컵 당시에는 전 세계를 통틀어 단 90명의 심판이 선발되었다.

 월드컵이 열린 이듬해에 각국 축구협회가 대륙별 연맹에 국제심판 중 차기 후보자를 추천하면 다시 걸러져 FIFA에 재추천된다. 그러면 FIFA 심판위원회는 이들을 3년간 FIFA

주최 경기에 참가시켜 다양한 테스트를 통해 평가한다.

일반적으로 FIFA의 체력테스트 합격률은 95% 정도로 월드컵 같은 최고의 대회를 준비하고 있는 심판이 체력테스트에서 탈락하는 경우는 드물다. 만약 그 단계부터 탈락을 하게 되면 많은 공을 들여 준비한 월드컵 무대를 밟지 못하는 아쉬움이 너무나 크고 자신의 명예를 무엇보다 중요하게 생각하기 때문에 절대적으로 자기관리에 많은 투자를 하게 된다. FIFA에서도 꼼꼼하게 대상 심판의 체력 관리 능력을 측정한다. 심박 수 확인이 가능한 시계를 지급하여 매일 운동량을 기록하고 월마다 FIFA에 제출하게 한다. 주기적으로 판정 능력도 검증받으며 경기규칙에 관한 필기시험과 회화시험을 영어로 치른다. 이런 험난한 과정을 거쳐 지난 2010년 남아공 월드컵에 나설 4팀의 AFC 트리오가 확정되었다. 절반이 떨어져나간 치열한 경쟁을 뚫고 정해상 부심은 니시무라 유이치 주심, 사가라 도루 부심과 트리오를 이뤄 남아공 월드컵에 출전할 수 있었다.

제4장
축구 심판 장비

제4장 축구 심판 장비

심판복/축구화/축구양말/휘장

축구 경기를 보면 대부분의 심판들이 아디다스 유니폼을 착용한 것을 볼 수 있다. FIFA의 스폰서 브랜드가 아디다스이기 때문이다. 따라서 국제심판은 아디다스 유니폼을 지급받는다. 우리나라의 경우도 대한축구협회 전국심판협의회(KFARC; Korea Football Association Referees Conference)[66]가 아디다스코리아와 후원 협약을 맺고 해당 브랜드의

---

[66] 각 지역별로 심판협의회가 조직되어 있으며, 그 연합체로서 KFA 전국심판협의회가 존재한다. 1998년부터 심판원의 권위와 자질을 향상시키고 상호

유니폼을 입는다(간혹 국가별 리그마다 심판의 용품 공급업체가 다른 경우도 있다). 심판용품뿐만 아니라 아디다스는 후원의 일환으로 국내 축구 심판 세미나 개최를 후원하기도 했다. 협약에 따라 심판이 공식 경기에 나설 시 사용하는 의류, 축구화, 축구양말 등은 후원사의 용품을 전적으로 사용해야 한다.

심판복은 일반 매장에서 판매하지 않는다. 주로 전국 또는 지역 심판협의회 차원에서 공동구매 형식으로 각 심판에게 공급하거나 상급 심판에게 우선적으로 지급하기도 한다. 심판복의 색상은 FIFA가 권장하는 주색(검정색, 노란색, 빨간색, 파란색, 초록색)으로 선택한다. 계절이나 기후에 맞춰 여벌의 심판복을 챙기기도 한다.[67] 심판복에 부착할 심판 휘장도 빠뜨릴 수 없다. 소속 협회(우리나라는 KFA 휘장)를 나타내는 표식으로서 국제심판은 FIFA 휘장을 부착한다. 축구화와 축구양말 역시 후원사의 용품을 착용한다. 두 가지 모두 검정색 계통을 사용하는 것이 기본적인 원칙이다.

그 외 선수교체판, 공 압력 확인기(air gage) 및 공기펌프가 있어야 한다. 대부분 경기장에 마련되어 있지만 심판진이 직접 준비하기도 한다. 직접 손으로 표시하는 선수교체판이

간의 친목을 도모하며 복지를 개선하는데 앞장서고 있다. 자체적인 사업의 일환으로 지역사회 발전에 기여하는 봉사활동과 장학사업도 진행하고 있다. 가장 큰 행사인 전국 축구심판 체육대회를 2007년부터 7회째 개최하고 있다.

67) 전국대회나 초중고축구리그처럼 하루에 여러 경기의 심판으로 나서는 경우(각 심판이 경기에 따라 주심, 부심, 대기심을 돌아가며 맡는다) 다른 색상의 여벌 유니폼을 준비한다.

보편적이지만 최근에는 전자식 선수교체판도 사용된다.

경기규칙서/심판증명서

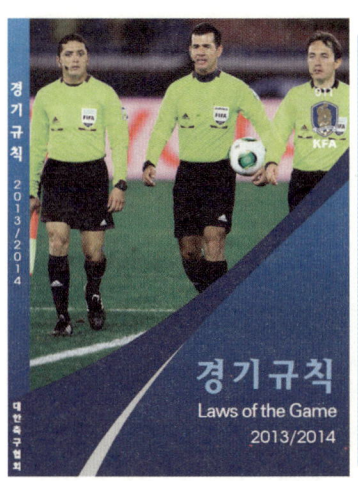
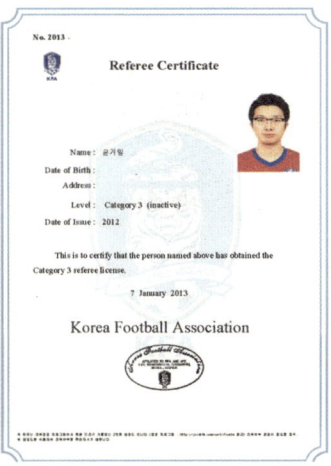

2011년까지는 카드 형태의 심판증이 연간 2회(3월, 9월) 제작·배부되었으나 2012년부터 증명서 형태로 바뀌었다. 현재는 온라인 출력 시스템이 구축되어 심판 증명서(국문, 영문)를 대한축구협회 심판 홈페이지(www.simpan.or.kr)에서 수시로 편리하게 발급받을 수 있다.

경기규칙서는 심판뿐만 아니라 모든 축구인의 필독서로 국제축구평의회가 승인하고 국제축구연맹이 발행한다. 경기규칙서의 내용은 총 17개 항목의 주제로 구성되며 매 시즌 발행된다. 대한축구협회 홈페이지(www.kfa.or.kr)에서 영문/국문 번역본을 다운로드 받을 수 있으며 심판 강습회에서 책자를 지급하기도 한다.

휘슬

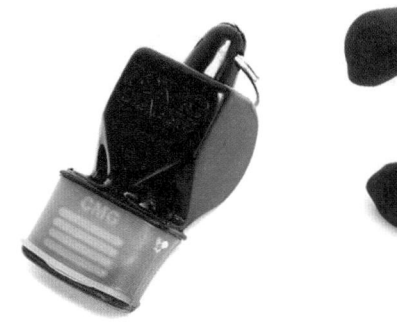

휘슬(whistle) 또는 호각(號角)이라고 부른다. 심판은 판정을 몸짓으로 설명해서는 안 된다. 원활한 경기운영과 심판의 권위 및 자제심을 표현하는데 한해서 부분적으로는 몸짓을 사용할 수 있을 것이다. 기본적으로 주심은 휘슬과 정해진 수신호로만 판정을 나타낸다. 휘슬은 주심을 상징하는 필수품이다.

휘슬은 1878년 노팅엄 포레스트 홈구장에서 처음 사용된 것으로 전해진다. 경기 시작과 중단 그리고 종료를 알리는 휘슬을 사용하기 전까지 손짓이나 손수건을 흔들어 신호를 전달했고 말로서 판정을 했다. 당시 허드슨이라는 인물이 만든 '애크미 선더러(Acme Thundere)'라는 휘슬이 첫 사용되었는데 이후 'Hudson & Co.'가 설립되어 휘슬의 대표적인 브랜드로 자리매김했다.

휘슬의 재질은 쇠로 된 것도 있고 플라스틱 소재도 있다. 재질에 따라 소리의 크기나 특징이 조금씩 차이난다. 손가락 고리가 달린 휘슬도 있으며 형태가 다양해서 사용하는 심판의 기호에 따라 선택한다. 주로 플라스틱 소재에 고무로 된 마우스피스가 덧씌워진 휘슬이 이용된다. 쇠로 만든 것은 달리는 중 불다가 치아에 부딪히면 부상으로 이어질 수 있기 때문이다.

옐로 & 레드 카드

옐로카드와 레드카드[68]는 주심이 선수에게 경고와 퇴장을 명령할 때 사용한다. 이 두 장의 카드는 주심의 강력한 권한을 대표적으로 나타낸다. 주심은 만약의 경우를 대비해 한 장씩 여분의 카드를 준비하기도 한다. 각 카드의 뒷면에는 경고나 퇴장을 당한 선수와 시간, 승부차기 결과 등을 기록할 수 있도록 칸을 만들거나 상의에 탈부착 가능하게끔 벨크로를 붙이기도 한다.

그 기원은 영국 출신의 국제심판이자 FIFA 심판위원장까지 역임했던 케네스 애스턴이 악성 반칙과 시간 지연을 줄이고 의사소통을 원활하게 하기 위해 제안한데서 찾을 수 있다. 이에 따라 1970년 멕시코 월드컵 때부터 주심이 공식적으로 사용하였으며, 1982년에는 두 장의 카드 소지가 의무화되었다. 경고와 퇴장을 의미하는 노란색과 빨간색은 신호등에서 착안한 것으로 알려져 있다.

---

[68] 북아일랜드축구협회는 아이스하키, 핸드볼 같은 종목처럼 '일시적 퇴장'을 도입하고 그 의미로 '오렌지 카드'를 사용하자는 제안을 했다. 세계적인 심판인 콜리나도 오렌지 카드를 지지한 바 있다. 또한, 독일의 레버쿠젠 이사장이었던 볼프강 홀츠오이저는 '블루 카드'를 제안했는데 레드 카드와 달리 해당 경기에서는 퇴장이지만 다음 경기는 출전이 가능토록 하자는 내용이었다. 오렌지 카드는 FIFA 차원에서 검토되기도 했으나 시행하고 있지는 않다.

전자시계/토스 코인/기록지 & 펜

심판은 시간을 정확히 확인할 수 있도록 전자시계를 착용한다. 두 개를 사용하는데 한쪽 팔에 찬 시계는 멈춤 없이 시작부터 끝까지 총 경기시간을 재는데 사용한다. 다른 한쪽은 경기가 멈추거나 지연될 때마다 시간을 멈춰 실제 경기 시간만을 잰다.

토스 코인은 킥 오프 전에 골대 위치와 공격권을 결정하기 위해서 필수적이다. 코인으로 어떤 것을 써야한다는 규정은 없다. 앞면과 뒷면을 구분할 수 있다면 일반적인 동전도 무관하지만 주로 FIFA나 소속협회 명칭이 새겨진 경기전용 코인을 사용한다.

선수들의 징계 내용이나 교체, 득점자와 시간 등을 그때마다 펜으로 기록지에 적어 넣는다.

부심기

명칭처럼 부심이 쓰는 깃발이다. 눈에 잘 띄게 선홍색과 선황색이 주로 쓰인다. 경기 중 여러 가지 신호를 부심기로서 주심에게 전달한다. 선수와 관중도 부심기의 움직임을 통해 오프사이드, 골라인 아웃 등을 확인할 수 있다.

부심의 판정 능력 향상과 맞물려 부심기도 계속 발전하고 있다. FIFA는 1998년 프랑스월드컵부터 '시그널 빕(signal beep)'을 도입했다. 이는 부심이 부심기에 부착된 버튼을 눌러 주심이 찬 호출기에 진동을 전달하여 신호를 주는 초기 방식이었다.

2002년 국내에도 일명 '레프리 페이징 시스템(referee paging system)'이 도입됐다. 이 시스템은 주심의 팔에 찬 페이저와 부심의 깃발을 무선 연결하여, 부심이 주심에게 신호음과 진동을 함께 보내는 장치다. 당시 한·일 월드컵의 인기를 타고 K리그 경기장을 찾는 관중 수가 증가함에 따라 응원이나 함성 소리에도 심판진의 원활한 의사소통이 가능하게 해주는 중요 장비였다.

무전기 & 헤드셋/베니싱 스프레이

무전기와 헤드셋 그리고 베니싱 스프레이는 프로축구 심판용 장비다. K리그에서 2000년대 무선 교신이 가능하도록 첫 도입을 했으나 시스템의 고장이 잦았고 장비 가격이 고가라 1년도 채 되지 않아서 사용이 흐지부지됐었다. 2003년에 무전기와 유사한 고주파 라디오로 대화가 가능한 '쌍방향 라디오 통화제'를 도입했다. 공식적으로는 2006년 독일 월드컵부터 심판진이 헤드셋을 착용했다. 이듬해부터 K리그가 아시아 최초로 심판용 헤드셋을 도입했다. 주·부심은 물론 대기심까지 대화가 가능했다. 월드컵과 프로리그에서 사용을 거듭하면서 헤드셋이 판정 향상에 효과가 있는 것으로 나타났다. 대체로 헤드셋 도입 이후 경기당 파울과 경고는 줄고, 퇴장과 득점은 증가한 편이다. 2014년부터는 KFA가 운영하는 아마추어 리그나 대회에서 헤드셋 사용이 확대될 예정이다.

베니싱 스프레이(vanishing spray)는 2012년 3월 국제축구평의회에서 심판 장비로 정식 승인되었다. 2013년부터 K리그에 도입되었으며 주심이 프리킥 위치를 표시하는 용도로 쓴다. 명칭처럼 스프레이를 그라운드에 뿌리면 백색 거품이 표시되었다가 1분 내외로 사라진다. 주로 남미와 북중미에서 활용되고 있으며, 아시아에서는 K리그가 최초로 도입했다. 프리킥 상황 시 공격자와 수비벽의 위치를 정확히 표시하여 불필요한 시간 낭비를 줄여준다.

제5장
전 망

제5장 전망

1. 판정의 정확도 향상

축구의 발전과 함께 심판의 능력도 향상되어 왔다. 그러나 판정 논란은 어김없이 발생하는 골칫거리다. 현대 축구는 더욱 빨라졌으며 변화무쌍하다. 게다가 그라운드 위의 선수들은 영악하고 교묘하게 반칙을 저지른다. 4명에서 6명에 이르는 심판진조차 잡아내지 못하는 결정적 순간이 생기는 까닭이다. 때로는 정확하게 그 장면을 잡지 못해 잘못된 판정을 내리기도 한다. 이른바 오심은 득점과 연관되는 경우에 논란이 증폭된다.[69] 과거 디에고 마라도나의 '신의 손' 사건[70]이나 최근 슈테판 키슬링의 '유령 골'이 그랬다.

---

[69] 한국스포츠학회지에 실린 한 논문(프리킥 2008.4)에서는 오심의 원인을 첫째, 사각 지역에서 발생한 실수, 둘째, 의도적인 편파 판정, 셋째, 심판의 개인 능력 부족으로 분석했다. 또한, 잘못된 판정이 반복되는 이유로 '오심이 표면화 되지 않음에 대해 그것으로 만족하는 의식이 팽배하기 때문'으로 분석했다. 오심에 대해 과거에는 심판의 무능으로 비판이 일어났으나 오늘날은 의도적인 편파 판정으로 의심받는 경우가 더 많다.

[70] '신의 손' 사건은 세계적으로 가장 유명한 오심 중 한 가지다. 1986년 멕시코 월드컵 8강에서 마주친 잉글랜드와 아르헨티나의 숙명적 대결. 후반 6분, 잉글랜드 문전으로 띄운 패스를 165cm의 마라도나가 185cm의 장신 골키퍼인 피터 쉴튼을 제치고 골망을 흔든 것이다. 머리가 아닌 손을 이

오심의 발생은 판정을 한 심판뿐 아니라 결과적으로 관련 선수 및 팀에게도 부정적인 파급을 미친다. 다양한 매체의 등장과 중계 기술의 발달로 인해 경기장에서 일어나는 단 한 번의 실수조차 적나라하게 드러나는 세상이 되었다. 주로 첨단 기술은 심판을 몰아붙이는 형국이었지만 이제 활용 여부에 따라서 판정의 정확도를 향상시킬 수 있는 대안으로 급부상했다.

용하여 공중 경합을 이긴 결과였다. 당시 알리 빈 나세르 주심(튀니지)과 보그단 도체프 부심(불가리아)은 그 장면을 잡아내지 못했고 결국 골로 인정됐다. 경기 후 마라도나는 그 유명한 "공을 친 것은 신의 손이었다"라는 말을 남겼다. 마라도나는 시간이 흘러 잘못을 인정하고 잉글랜드 축구 팬들에게 사과의 뜻을 전하기도 했다.

초기 제시되었던 대안은 '비디오 판독'이었다. 경기장 곳곳에 설치된 전용카메라를 통하여 문제 상황 발생 시 경기를 잠시 중단하고 비디오 내용을 참고하여 판정을 내리는 식이다. 실제로 테니스, 럭비, 당구, 크리켓에서 비디오 판독이 활용되고 있으며, 국내에서도 프로 농구·배구·야구에서 활용하고 있다.[71] 비디오 판독의 도입 여부는 오래전부터 논쟁거리였는데 2005년 FIFA의 제프 블래터 회장이 "축구는 인간의 얼굴을 한 경기다. 삶은 잘못을 수반하기 마련이고 축구경기도 마찬가지"라며 경기 중 비디오 판독에 대한 반대 의사를 명확히 밝혔고 논쟁은 시들해졌다. 미셸 플라티니 UEFA 회장도 "축구는 휴머니즘을 바탕으로 한 인류 최고의 스포츠다. 지나친 정확성은 축구의 아름다움을 파괴할 수 있다"며 반대편에 가세했다. 흥미로운 점은 판정의 정확도 향상을 위한 대안으로 '6심제'를 강조한데 있다.[72]

이미 시행 중인 6심제에 대한 찬성과 반대 여론도 여전히 뜨겁다. 심판을 증원하더라도 찰나의 결정적인 순간을 놓칠 수 있는 여지가 있기 때문에 큰 효과가 없다는 의견이 주를 이뤘다. 또한, 추가적인 인건비와 심판 수급 문제가 뒤따르며 원활한 의사소통과 팀웍을 형성하기 위해 많은 훈련이 필요하다는 지적이 뒤따른다. 반면, 6심제를 옹호하는 편에

---

[71] 프로농구연맹(KBL)은 2006-07 시즌에 국내 프로스포츠 중 최초로 비디오 판독을 도입했다. 이듬해 한국배구연맹(KOVO)이, 2009년에는 한국야구위원회(KBO)가 잇달아 시행했다.
[72] UEFA는 2009-10 시즌 유로파리그 조별라운드부터 6심제를 도입했다.

서는 예방적인 효과가 있음을 부각시킨다. 골문 근처에 배치된 심판의 눈을 의식할 수밖에 없기 때문에 선수들이 눈에 띄는 반칙을 하는 경향이 줄어들었다고 한다. 오심이 발생하더라도 일부이며, 역시 4심제보다는 판정의 정확도가 높다는 의견이다. 비슷한 맥락에서 FIFA는 2006년 독일 월드컵부터 주요 대회 및 경기에 다섯 번째 심판(fifth official)을 추가 투입하고 있다.

FIFA는 1999년에 2인 심판제 가이드라인을 발표하기도 했다. 한 그라운드에 2명의 주심이 함께 뛰며 판정을 내리는 방식이다. 만약, 한 주심의 판정에 다른 주심이 동의하지 않으면 경기가 중단되었다가 재개된다. 이는 풋살이나 비치사커와 비슷한 운영 방식이다. 2002년에는 UEFA도 주심 2명을 두는 방안을 도입 직전까지 검토했었다. 단, FIFA의 초기안과 달리 필드하키처럼 그라운드를 반으로 나눠 2명의 주심이 각각 관장하는 구상안이었다. 주심의 피로를 덜 느끼게 하고 선수들의 행위를 더욱 세밀하게 관찰할 수 있다는 이유에서였다. 이처럼 심판 자체로서 판정 문제를 해결하려는 노력이 이뤄졌으나 아쉽게도 큰 성과를 내지 못했다.

2002년 한·일 월드컵과 유로 2004에서도 오심이 발생함에 따라 비디오 판독의 필요성이 다시금 제기되었다.[73] 아스널의 아르센 벵거 감독은 대표적인 지지자로서 "활용할 수 있는 첨단 기술을 버려두는 것은 불공평하다. 축구에서 오심의 확률은 지나치게 높고, 첨단 기술만이 그 확률을 낮

---

[73] 포포투의 여론조사에 따르면 EPL 선수들의 74%가 비디오 판독 도입을 찬성했다. (포포투 2013.2)

출 수 있다"고 주장했다. 그가 언급한 첨단 기술이란 호크아이(Hawk-Eye)[74]가 대표적이다. 호크아이를 활용하여 경기 전반적인 판정이 아니더라도 공이 골라인을 넘어갔는지 여부만이라도 정확하게 밝히자는 것이다. 실상 득점 관련 오심이 발생하면 이후 정상적인 경기 운영이 어려워진다. 선수들은 심판에 대한 불신과 불만을 수시로 표출하게 되고 심판도 평정심을 잃기 십상이다. 충분히 설득력 있는 주장이다. 여러 가지 대안으로 판정의 정확도를 높이고자 했던 FIFA는 논란이 끊이질 않자 새로운 시도에 나섰다. 일명 '스마트볼'을 개발하여 시험에 들어간 것이다.

일단은 성공적이었다. 2005년 페루에서 열린 FIFA U-17 월드컵에서 첫 선을 보인 스마트볼은 골라인을 통과했을 경우 곧바로 확인할 수 있는 기능을 장착(마이크로칩)하고 있었다. 같은 해 12월에 열린 FIFA 클럽월드컵에서는 보다 향상된 스마트볼이 사용되었다. 이후 2006 독일 월드컵에서 스마트볼 사용을 검토하던 FIFA는 돌연 사용을 전면 보류했다. 심판의 권위 훼손과 기술적 오류 발생 가능성을 우려해서였다.

FIFA는 2010년 남아공 월드컵 본선을 앞두고 공식적으로

---

[74] 2001년 잉글랜드의 호크아이 이노베이션(2011년 유럽 소니가 인수합병)에서 개발하였으며 각 골대 근처에 설치된 6~8대의 호크아이 카메라는 볼의 궤적을 정확하게 추적하기 위해 초당 60프레임의 속도로 공을 촬영한다. 오차 범위는 3밀리미터 수준. 이를 비디오 분석 프로그램이 3D로 종합해서 공의 정확한 위치를 파악한다. 골라인을 넘었을 시 1초 이내로 심판진이 차고 있는 전자시계에 진동과 'GOAL'이 표시된다. 골컨트롤도 유사한 방식이다.

비디오 판독(스마트볼 포함) 도입 계획을 철회했다. 표면적으로는 축구가 인간적인 면을 가진 스포츠이며 경기의 연속성을 보호하고 축구가 갖는 보편성을 유지하기 위함이라고 밝혔다. 비디오 판독 과정에서 장비 오작동이나 오류에 대한 가능성도 제기되었다. 일견 타당해 보이는 명분이지만 한편에서는 FIFA가 일부러 논란을 방치하는 게 아니냐는 시각이 있다.

지난 1966년 잉글랜드 월드컵 결승전에서 제프 허스트가 넣은 잉글랜드의 세 번째 골이 크로스바를 맞고 서독 골라인을 넘어갔는지에 대한 사실 여부는 지금까지도 논쟁거리다. 이미 영국 옥스퍼드대학 연구진에 의해 골이 아니었던 것으로 판명되었음에도 말이다. 즉, 판정 논란이 하나의 화제거리로 많은 사람들의 입에 오르락내리락하게 만드는 노이즈마케팅 효과를 얻기도 한다. 비판론자들은 FIFA가 오심을 인위적으로 만들거나 방조하지는 않더라도 그 여지를 남겨둔다고 주장한다. 과거에는 마땅한 대안 기술이 없었기 때문이라 쳐도 티에리 앙리의 '신의 손' 사건[75]은 노이즈마케팅의 또 다른 근거로 제시된다. 당시 앙리의 핸드볼 파울 장면은 완벽하게 카메라에 잡혔다. 즉각적으로 비디오 판독

---

75) 2010년 남아공 월드컵으로 향하는 유럽 플레이오프 2차전에서 프랑스와 아일랜드는 연장전에 돌입했고 티에리 앙리가 연결한 패스를 윌리엄 갈라스가 극적인 결승골로 연결시켰다. 문제는 앙리가 패스를 하는 과정에 있었다. 아일랜드 문전에 있던 자신에게 넘어온 패스를 잡기 위해 앙리가 손을 썼기 때문이다. 앙리는 갈라스의 득점 직후 아무렇지 않게 골 세러머니에 동참하며 비난에 시달렸다. 이후 핸드볼 파울을 인정하고 프랑스 국가대표 포기 선언을 하기도 했다.

을 거쳤다면 경기 결과는 달라졌을지도 모른다. 이 사건은 재경기 논란뿐 아니라 외교문제로 비화될 정도의 후폭풍을 일으켰다. 그리고 자연스럽게 남아공 월드컵으로 이목을 집중시키는 결과를 낳았다.

이어진 남아공 월드컵에서도 많은 오심이 발생했다. 특히, 잉글랜드와 독일의 16강 경기에서 프랭크 램파드가 터뜨린 골이 무효 처리된 것은 결정적이었다. 이후 FIFA는 '골라인 판독 기술(GLT; Goal Line Technology)' 도입을 검토하기 시작했다. 절충안으로서 비디오 판독의 부분적인 채택이 이뤄진 것이다. 이는 득점 여부에 대한 판정만큼은 분명하게 하자는 합의의 결과였다. GLT가 도입되면 골라인 판독은 1초 내로 이루어지며, 그 결과는 해당 심판진에게 곧바로 알려진다. 또한, 경기 전광판에 득점 여부를 띄우는 방안도 검토 중이다. 골레프(Goal Ref)[76]의 개발에 따라 시간의 낭비를 최소화해줄 수 있으며 판정 불만으로 허비되는 시간보다 실질적인 경기 시간을 확보할 수 있을 것으로 기대된다. FIFA는 2013년 경기규칙 상에 GLT에 관한 내용을 추가했다.

---

76) 독일 및 덴마크의 합작사인 프라운호퍼 계젤샤프트가 만든 골레프는 축구공에 전자칩(센서)을 내장하여 거기에서 나오는 자기장이 골대 뒤쪽에 설치된 전자기장 감지장치가 반응하는지로 골라인 통과 여부를 판정하는 시스템이다. 카이로도 비슷한 방식이다.

규칙10 - 득점 방법

⊃ 골라인 테크놀로지 (GLT)
〈GLT의 원칙〉
• GLT는 골라인에서 골의 득점 여부를 결정하기 위해서만 적용한다.
• GLT 시스템은 반드시 GLT를 위한 FIFA 품질 프로그램에 따라야 한다.
• 골의 득점 여부의 표시는 즉각적이고 1초 이내에 자동으로 확인되어야 한다.
• 골의 득점 여부의 표시는 경기 심판에게만 GLT 시스템에 의해 전달되어야 한다.(진동과 시각적 신호에 의한 심판의 시계를 통해)

⊃ GLT의 요구사항 및 품목
GLT가 경기에서 사용되어지면, 대회 조직위원회는 반드시 GLT 테스트 매뉴얼에 대한 FIFA 품질 프로그램에 명시된 요구사항을 충족하는지 확인해야 한다.
이 매뉴얼은 반드시 국제 축구 평의회에 의해 승인되어야 한다. 독립적인 테스트 기관은 반드시 테스트 매뉴얼에 따라 다른 기술 제공 업체 시스템의 정확성과 기능을 확인해야 한다.

잉글랜드로서는 자국의 개발사가 만든 호크아이를 공식 기술로 전파하면 축구 종주국의 위상을 다른 형태로 세울 수 있는 의도도 있었다. FIFA는 2012년 웸블리 스타디움에서 열린 잉글랜드와 벨기에의 친선경기를 통해 호크아이와 골레프를 두고 검증에 나섰다. 결국 2012년 7월에 국제축구평의회가 골라인 판독 기술을 사용할 수 있도록 규정을 개정함에 따라 FIFA도 이를 승인했다. 또한, 골라인 판독 기술로서 호크아이와 골레프를 공식적으로 채택했다.

이에 따라 2012 FIFA 클럽월드컵에서 공식적으로 첫 도입되어 성공적으로 운영되었고 2013년 브라질 컨페더레이션스컵, 2014년 브라질 월드컵에 순차적으로 기술을 적용할 것이라고 밝혔다. FIFA는 각국의 프로리그별 상황을 고려하여 기술의 도입 여부를 결정할 수 있는 재량권을 줬다. EPL은 2013-14 시즌부터 자국의 기술인 호크아이를 도입하여 웸블리 스타디움을 포함한 21개 경기장에 설치·운영하고 있다. FIFA는 검증을 마친 호크아이와 골레프를 비롯하여 별도의 테스트를 거쳐 뒤늦게 합류한 카이로(CAIRO), 골 컨트롤(Goal Control) 중 입찰을 통해 한 가지 기술을 최종적으로 선택하기로 했다. 그리고 2013년 4월, 가장 늦게 개발되고 인증을 받은 독일의 골 컨트롤이 최종적으로 FIFA에 낙점됐다. 브라질 월드컵이 당면한 대회이기에 현지 경기장 시설 적용도와 호환성이 가장 높은 기술로 골 컨트롤이 선정된 것이다.

완고하던 FIFA까지 골라인 판독을 시행함에 따라 UEFA의 수장인 미셸 플라티니는 기술 장비를 설치하는데 드는 막대한 비용(5년간 5천4백만 유로로 약 7백7십억원 정도 추정)과 40년마다 교체해줘야 하는 비용 때문에 이 돈을 차라리 축구 인프라를 확충하고 유소년 축구 등 장기적인 축구 발전에 투자하는 것이 낫다고 비판했다. 또 값비싼 장비의 도입은 축구의 보편성과 연결되는 부분으로 공만 있으면 언제 어디서든 축구를 즐길 수 있는 고유의 특성을 침범할 수도 있는 중대한 사안이다.

어느 한쪽의 편을 섣불리 들 수 없지만 이미 주사위는 던져졌다. 첨단 기술을 부분적이라도 활용하는 것이 대세가 되었다. 실질적으로 브라질 월드컵에서 사용될 GLT가 어떤

성과를 내는지 지켜보면 판가름이 날 것이다. 물론 GLT의 문제점이 발견되더라도 그것을 보완하는 방향으로 갈 공산이 크다. 이미 엄청난 투자가 이뤄졌기 때문에 전처럼 무효화할 수 없는 상황이다. 분명하게 짚고 넘어갈 점은 첨단 기술을 활용하되 의존해서는 안 된다는 것이다. 애초에 첨단 기술을 활용하게 된 이유는 심판의 판정 정확도를 향상시키는데 도움을 주기 위해서였다. 그러나 판정 결정을 GLT에 의지하거나 떠넘기게 되면 오히려 심판의 판정 능력은 퇴보하게 된다. 거스를 수 없는 흐름이라면 심판 개개인이 GLT를 효과적으로 활용하고 역할 규범을 정립하려는 적극적인 노력과 연구가 뒤따라야한다.

2. 엘리트 심판의 양성

과거 K리그에서는 외국인 축구 심판을 영입하여 플레이오프나 챔피언결정전 같은 중요 경기에 투입시키기도 했다. 판정 시비를 줄이는 소기의 성과를 거뒀을지는 모르나 국내 축구 심판의 사기 저하와 근시안적인 방편이라는 지적이 뒤따랐다. 또한, 국내 최상위 수준인 K리그의 전임심판은 그야말로 프로심판인데 정작 핵심 경기를 맡을 실력 있는 적임자가 없는 것으로 비춰졌다. 불필요한 비용의 낭비도 문제였다. 한 명의 외국 심판에게 지급된 경기당 수당은 최소 1,200유로(약 190만원)에 항공료와 체재비 등은 별도로 분명 만만치 않은 금액이었다.

예전부터 판정 논란의 주원인으로 거론되었던 부분은 국

내 프로축구 심판의 자질 문제였으며, 결국 한정된 인적자원과 체계적인 교육시스템 부재에서 비롯된 것으로 압축할 수 있다. 오늘날 두 가지 모두 많은 보완이 이루어졌다. 국내 축구 심판의 수는 전과 비교했을 때 훨씬 많아졌고 교육 및 관리 프로그램도 체계적이다. 중·장기적인 계획에 따라 전문 축구 심판을 양성하는데 KFA와 한국프로축구연맹이 함께 힘을 쏟고 있기 때문이다.

양적인 발전을 이룬 것은 사실이다. 하지만 전체 등록 심판 수에 비해 실제로 활동을 하고 있는 심판은 절반도 안 된다. 다수의 비활동 심판은 분명 아까운 자원이다. 그들을 다시 그라운드로 불러 모으려면 KFA 차원에서 다양한 방안이 마련되어야 할 것이다. 더불어 질적인 보완과 꾸준한 투자가 필요하다. 비단 우리나라뿐 아니라 축구 선진국에서도 우수 심판들의 이탈을 막기 위해 공들이고 있다. FA의 경우, 심판직을 비롯하여 감독관, 비디오분석관 등 관련 업무 기회를 제공하는 한편, 평가 피드백 및 배정 시스템을 개선했다. 나아가 다양한 문화 행사(체육 활동 등)의 개최와 점진적인 심판 수당 증액을 유인책으로 마련하고 있다.

한국프로축구연맹은 2005년부터 본격적인 전문 심판 양성을 위한 심판 관리 프로젝트를 실행에 옮겼다. 먼저 K리그 전임심판의 정보 전산화를 통해 기본 정보와 평점, 징계 및 포상, 배정 현황 등을 다양한 항목별로 확인하여 평가할 수 있게 했다. 평가 결과가 좋지 않을 경우는 정도에 따라 보수교육, 경기 배정 축소, 등급 조정, 보수 삭감을 받게 되고 계약 해지에 이를 수도 있다.

 오심이 발생하면 연맹은 해당 심판에게 소명 기회를 주고 보수교육을 받게 한다. 그리고 위원회를 열어 정도에 따라 제재를 결정한다. 등급에 따라 가중 처벌을 받기도 하고 누적된 실수가 있을 시 퇴출될 수도 있다. 기본적으로 심판에 대한 징계 내용은 비공개다. 관련 내용이 공개되면 해당 심판은 위축될 것이며, 구단과 선수들이 색안경을 끼고 바라볼 수 있기 때문이다. 심판의 권위를 지키려 비공개한다는 비판도 있지만 연쇄적인 오심을 방지하려면 심리적인 부담을 줄이는 게 낫다는 판단이다. 심판이 권위만을 내세우는 것은 아니다. 판정 향상을 위해 매일 자기관리에 임하고 경기 후 철저한 평가를 받고 있으며, 결과에 따른 경기 배정 및 상벌이 주어지기도 한다.

AFC에서 심판 교육을 담당했던 전영현 심판강사는 "자국의 축구 발전에 가장 빠른 효과를 나타내는 부분이 바로 심판 교육이다"라고 밝힌 바 있다. 더하여 심판이 경기 외적인 부분에 신경을 빼앗기지 않도록 협회와 연맹이 적극적으로 보호·관리에 힘써야 한다고 주장했다. 관련하여 KFA는 기존의 심판 구분 체계를 보다 세분화하여 수준별로 역량 강화를 꾀하고 있다. 2008년에 KFA 1급 심판 326명 중에서 심판위원회가 선별한 150명의 엘리트 심판을 대상으로 특별 교육을 실시했다. 이안 블란차드 FA 심판위원장을 초빙하여 'EPL의 경기운영 원칙과 분석', '위기 관리능력 향상을 위한 실전 상황훈련' 등을 주제로 심도 있는 이론 강의 및 실전 훈련을 진행한 것이다. 2009년에는 국내 최초로 FIFA가 주관하는 'FUTRO3 심판강사 코스'[77]를 유치하기도 했다. 또한, 2010년부터 정기적으로 젊고 유능한 심판들을 모아 'Young Elite Referees Course'를 운영하고 있다. 참가 대상은 1급 심판을 중심으로 발전가능성이 엿보이는 2급 심판도 일부 참여시키고 있다. 참가자는 35세 미만으로 나이 제한을 두고 있다. 이후에도 '2013 The FA 심판강사 초청 교육' 등 전문적인 심판 역량 강화 프로그램이 지속적으로 열리고 있다.

엘리트 심판의 양성은 궁극적으로 국내 축구 발전을 위한

---

[77] FIFA의 심판강사 육성 프로그램으로 각 대륙별, 각 가맹국가 협회별로 2~3명의 심판을 초청하여 교육을 진행한다. FUTRO3 심판강사 코스는 전 세계의 심판들이 정확한 경기규칙과 새로운 심판 트레이닝 방법을 공유하는데 목적이 있다.

토대가 된다. 더불어 국제무대에서 한국 축구(팀, 선수, 지도자 포괄)가 영향력을 발휘하는데 유용한 면이 있음을 간과해서는 안 된다. 특히, 심판에게도 '꿈의 무대'인 월드컵에 많은 한국인 심판이 선발될 수 있도록 지원이 뒷받침되어야 한다. 오늘날 개인의 노력만으로는 월드컵 심판이 될 수 없다. 전 세계의 엘리트 심판 중에서도 소수만이 선택받는 좁은 관문을 통과하려면 체계적인 준비과정이 요구되기 때문이다. 역대 한국인 월드컵 심판을 살펴보면 축구 심판에 입문하여 월드컵까지 평균 13년 정도가 소요되었다. 긴 시간 동안 최고 수준에 도달하고 지속하기 위해서는 많은 투자가 필요하다.

≫ 역대 한국인 월드컵 심판

심판원		심판 입문	국제심판 선발	월드컵 참가
박해용	부심	1982년	1992년	1994년 미국
전영현	부심	1989년	1995년	1998년 프랑스
김영주	주심	1987년	1993년	2002년 한국 · 일본
김대영	부심	1993년	1998년	2006년 독일
정해상	부심	1996년	2004년	2010년 남아프리카공화국

우리나라는 지난 1994년 미국 월드컵을 기점으로 5회 연속 월드컵 심판을 배출하였으나 아시아에서의 위상만큼 미치지 못하는 실정이다. 그동안 5명의 월드컵 심판을 배출한 데 그쳤다. 그나마도 주심은 1명뿐이었는데 2002년 한 · 일 월드컵의 이점이 있었음을 감안해야 한다. 아시아에서 축구

심판의 위상은 일본과 호주가 우리나라보다 앞서는 경향이 있다. 단적인 근거로 월드컵 심판의 배출 시기만 보더라도 일본이 1970년, 호주가 1974년으로 우리나라와 출발점이 다르다.[78] 한국 심판의 판정 능력은 우수한 것으로 인정받지만 상대적으로 외국어 능력(영어)에서 경쟁력이 부족한 것으로 지목된다. 이에 KFA 심판위원회는 국내 심판의 외국어 능력을 중점적으로 향상시키기 위한 장기적인 대안을 마련하고 있다. 또 'AFC 프로젝트 퓨처 레프리(AFC Project Future Referee)' 코스[79]를 통해 차세대 월드컵 심판을 육성하는 등 2018년과 2022년 월드컵 그리고 이후를 겨냥한 장기적인 엘리트 심판 양성 프로그램이 필수적이다.

세계적으로 두각을 나타내고 있는 여자 엘리트 심판의 양성은 특별히 공을 들여야 할 부분이다. 1999년에 세 번째로 열렸던 여자월드컵을 시작으로 굵직한 여자축구대회의 심판진이 여자 심판으로 채워지고 있는 추세다.

---

[78] 1970년 멕시코 월드컵에서 일본의 마루야마 부심이 2경기에 출장했다. 호주의 경우 보스코비치 심판이 1974년 서독 월드컵에 첫 참가한 이후 3회 연속 월드컵 심판으로 활약했다(당시 호주는 오세아니아축구연맹에 소속되어 있었다). 참고로 일본계 페루인 야마사키(Arturo Yamasaki) 심판은 1962년 칠레 월드컵을 시작으로 3회 연속 월드컵 심판으로 참가했다. 1966년 잉글랜드 월드컵 당시에는 최덕룡(북한) 부심이 2경기에 나서기도 했다.

[79] 2007년부터 AFC가 운영하는 엘리트 심판 양성 과정으로 25세 이하의 젊고 유능한 아시아 심판을 선발하여 세계 수준의 심판으로 3년간 양성한다. 월드컵 심판으로 선발되는 아시아계 심판은 'AFC 프로젝트 퓨처 레프리' 코스 출신자의 비중이 높아지는 추세다. 우리나라에서는 2014년 김우성 주심이 최초로 코스를 마쳤다.

  임은주 심판이 1999년 미국 여자월드컵에서 주심으로 활약한 이후 많은 여자 심판들이 한국 축구의 명성을 드높이고 있다.

≫ 역대 한국인 여자월드컵 심판

심판원		심판 입문	국제심판 선발	여자월드컵 참가
임은주	주심	1993년	1997년	1999년 미국
				2003년 미국
최수진	부심	1996년	1999년	2003년 미국
김경민	부심	2000년	2004년	2007년 중국
				2011년 독일
차성미	주심	2004년	2008년	2011년 독일

월드컵은 1930년부터 그 역사가 시작된 반면, 여자월드컵은 1991년부터 2011년까지 6회째 개최되었을 정도라서 대회의 위상과 규모에서 확연한 차이를 보인다. 그럼에도 여자월드컵은 최고 수준의 국가대항전이며, 각국의 축구 수준을 가늠하게 만드는 한 축으로 자리 잡고 있기에 평가절하 할 수 없다. 여자월드컵은 월드컵에 비해 아시아가 강세라서 심판 배출의 가능성도 그만큼 높다.[80] 실제로 임은주, 김경민 심판은 여자월드컵에 2회 연속으로 참가하는 기쁨을 누렸다. 또한, 축구 심판 입문부터 여자월드컵까지 평균 10년 미만으로, 월드컵 심판보다 총 소요기간이 짧게 나타났다. 당연한 이야기지만 여자월드컵에 나서는 심판이 많을수록 해당 국가의 긍정적인 기대효과도 커진다. 여자 엘리트 심판 양성에도 더욱 적극적인 투자를 해야 하는 까닭이다.

3. 심판 관리 체계 개편

2013년 12월, KFA가 선포한 '대한축구협회 미래전략(Vision Hat-Trick 2033)'[81]에서 향후 심판 관리체계 개편 방향을 엿볼 수 있다. 이전까지는 KFA 소속의 1~4급 심판과

---

80) 여자월드컵은 중국에서만 2회 개최되었고 2011년 일본이 우승을, 1999년 중국이 준우승을 차지했다. 2007년 중국 여자월드컵 결승전은 OGSTON Tammy(호주) 주심이 맡았다. 그 외 다섯 번의 결승전은 모두 유럽권 주심이 담당했다.
81) 창립 80주년을 맞이한 대한축구협회가 2033년까지 달성할 목표 및 과제를 담고 있다. 5대 추진 목표와 30대 실천 과제 중 14~16과제(심판행정 일원화, 심판 전문성 확보, 공정하고 투명한 배정)가 심판 관련 개선 사항으로 포함되어 있다.

한국프로축구연맹의 전임심판으로 양분되는 관리 체계가 구축되어 있었다. K리그 전임심판은 KFA 1급 심판 중에서 선발하긴 해도 일단 계약이 되면 관리 및 운영권은 연맹의 독립적인 영역에 속한다. 심판위원장도 KFA와 연맹에서 개별적으로 두고 있다. 기본적으로 두 단체가 공조 체제를 이루고 있지만 항상 의견이 일치했던 것은 아니다. 또 전임심판의 경우, 심판 배정을 두고 지속적으로 구단들의 불만이 제기된 바 있다. 전임심판은 말 그대로 K리그를 위해 고용된 형태이므로 계속 자리를 유지하기 위해서는 연맹이사들(대부분 각 구단의 단장이 겸임)의 눈치를 봐야 하는 구조적인 상황에서 특정 팀이 손해를 보거나 이익을 얻을 수 있다는 이유를 들었다.

KFA와 연맹의 업무 효율성이 떨어지는 부분도 지적받았다. 연맹은 넉넉하지 않은 내부 인원으로 인해 전임심판과 경기별 판정 시비를 모두 관리하는데 한계가 있었다. KFA의 심판 담당 부서도 과거 심판실과 심판국을 거쳐 심판운영팀으로 변경되었는데 심판의 수가 전보다 훨씬 늘어났음에도 담당 부서의 규모는 오히려 축소된 경향이 있다. 때문에 K리그 전임심판의 계약제를 폐지하고 국내 심판의 통합관리시스템을 구축하는 방안을 추진하게 된 것이다. 심판 운영 조직을 확대·개편해야 원활한 심판 관리(교육, 배정, 평가)가 가능해진다. 또한, 심판 관리 체계가 일원화되면 행정의 혼선이나 오해를 줄일 수 있을 것으로 기대된다.

전임심판제의 폐지는 다시금 심판 수입 불안정의 원인이 될 수 있지만 장기적으로 기존의 폐단을 줄이고 보다 많은 심판에게 기회와 혜택이 돌아가는 방향으로 나아가야 한다. 또한, 심판 조직을 통합하여 공신력을 확보함으로써 심판의 권익 향상과 국제적인 신뢰를 얻을 수 있어야 한다.

유럽의 주요 국가를 비롯해 일본도 해당 축구협회가 프로리그 심판까지 총괄 운영한다. 이는 세계적인 추세로 FIFA의 "프로리그 심판 운영은 해당 축구협회에서 책임지고 맡아야 한다"는 지침에 근거한다. 한때 UEFA는 FIFA의 지침을 준수하지 않은 FA와 다른 소속 협회에 심판 발전 지원금을 지급하지 않는 제재를 가하기도 했다.

나아가 협회에서 분리된 심판 자치단체도 필요하다. 잉글랜드의 경우, FA와 EPL 그리고 풋볼리그(Football League)가 공동 출자한 심판기구인 PGMOL(Professional Game Match Officials Limited)이 통합 관리한다. 2001년 출범한 PGMOL은 FA·EPL·풋볼리그·정부 및 산하단체로부터 일부 지원을 받되 독립적인 심판 단체로 존립한다. 주요 활동은 소속 심판들(주심 77명, 부심 231명)의 판정 능력 향상 및 채용·훈련·배정·판정 분석 등이다. 심판기구지만 단체명에서 나타나듯이 또 하나의 매치오피셜인 감독관 배정 및 교육, 강사까지 관리한다. 세계 최고의 심판으로 손꼽히는 하워드 웹이 대표적인 PGMOL 소속 심판원이다.

미국에도 엘리트 심판 단체인 '프로심판기구(PRO; Professional Referee Organization)'가 존재한다(14등급의 미국 심판 체계에서 3급 이상의 심판원이 속함).

미국축구협회와 프로리그인 MLS(Major League Soccer)가 합심하여 PRO를 출범시켰다. 이후 독립적인 단체로서 미국축구협회, MLS 그리고 여러 하부리그(북미축구리그, 유나이티드 축구리그 등)와 파트너십을 맺고 프로심판을 파견하고 있다. 또, 별도의 후원사도 두고 있다.

국내 축구 심판들은 자체적으로 KFA 전국심판협의회, 전국심판이사협의회, 노동조합, 친목모임(대한축구협회 OB 심판모임인 호진회 등) 등을 결성하거나 그러한 시도가 있었다. 현재로서는 전국심판협의회가 가장 큰 단체로서 국내 심판들의 권익 향상을 위해 힘쓰고 있다.

 유럽의 사례를 단적으로 비교하기 어렵지만 벤치마킹할 수 있는 부분이 꽤 있다. 가령, 2010년 스코틀랜드 프리미어리그(SPL; Scottish Premier League)의 심판조합은 구단과 팬들의 일방적인 판정시비와 비난에 맞서 파업을 검토하기도 했다. 주목할 부분은 급여 향상이나 처우 개선 등 단체의 이권을 위해서가 아니라 상호간의 믿음과 존중 그 자체를 목적으로 하는 것에 있다. 한 사람의 심판이 만들 수 없는 변화이며, 독립된 심판기구가 필요한 까닭이다.

 축구 심판도 단체로 움직이면 스폰서십을 받을 수 있다. 2012년 PGMOL은 세계 최대의 온라인 여행사인 익스피디아(Expedia)와 스폰서십 계약을 체결했고, EPL 심판들은 익스피디아 로고패치를 심판복에 붙이고 그라운드를 누볐다.[82] PGMOL은 온라인 축구게임 업체와 2018-19 시즌까지 장기 계약을 맺기도 했다.

 페어플레이 및 규정 준수로 상징되는 모범적인 심판의 이

---

[82] 흥미로운 점은 익스피디아가 심판을 후원한 이유다. 단순히 PGMOL 심판들의 주요 무대인 EPL에 팬이 많아서가 아니다. 세계의 여행객들이 합리적인 판단을 할 수 있도록 노력해온 익스피디아의 이미지와 세계 최고의 리그에서 수준 높은 판정을 내릴 수 있는 역량을 가진 심판 단체를 지원하는 것이 일치했기 때문이라고 밝혔다.

미지는 여러 기업에서 매력을 느끼는 요인이다. 많은 비용을 들여가며 아디다스가 오랜 기간 축구 심판을 후원하는 이유를 거기에서 찾을 수 있다.

K리그 전임심판도 2012년부터 후원사의 패치를 심판복 양팔 소매에 부착하고 있다. 광고 및 스폰서십을 통한 자체적인 수입 창출이 가능해지면 협회나 연맹으로부터 자립도가 높아져 독립성이 강화될 수 있다.

나아가 전국축구연합회 소속의 축구 심판도 통합 관리하는 방안이 검토될 필요가 있다. 생활체육으로 축구를 즐기는 다수의 동호인들은 전과 달리 인프라와 실력 등 여러 면에서 수준이 향상되었으나 심판의 판정을 인정하지 않는 성향이 여전히 남아있다. 이러한 풍토는 다른 영역의 심판에 대한 불신으로 확대 전파될 가능성이 존재한다. 엄연히 다른 관리 단체이기에 통합 관리가 어렵다면 경기규칙 및 심판 교육에 한해서라도 일치된 노력이 필요하다.

한국야구위원회(KBO)와 대한야구협회(KBA), 그리고 전국야구연합회(KBF)가 공동으로 운영하고 있는 야구심판학교(Umpire Training School)는 참고할만한 사례다. 야구심판학교의 졸업생들은 전국야구연합회 산하의 생활체육 아마추어 리그에서 심판으로 활동할 수 있게 된다. 그 중 일부 심판을 추려서 대한야구협회 소속으로 승급시킨다. 대한야구협회에서 1년 이상의 경력이 쌓인 심판은 평가 후 KBO가 운영하는 프로야구 2군 경기에 배정하는 방식이다.

대한축구협회도 축구전문인력 양성 기관인 'KFA 아카데미'를 설립할 복안을 세웠지만 지도자, 축구과학 전문가, 축구산업인력(경영자, 프런트 등) 양성을 우선적으로 계획하고 있다. 향후 심판원도 포함되어야 할 것이다. FA도 대학교와 연계하여 전문적인 심판 아카데미를 운영하고 있으며, 수준 높은 교육 과정을 통해 심판원 및 심판강사를 양성하고 있다.

4. 심판 존중을 위한 분위기 조성

심판계에서는 판정의 정확도가 85% 이상이면 뛰어난 수준의 심판으로 인정한다.[83] 하지만 심판을 바라보는 대부분

---

83) K리그의 심판 판정 분석 결과, 파울 판정의 정확도는 2012년 96.1%였으며

의 사람들은 1%의 오심만으로도 무능한 심판으로 낙인찍고는 한다. 단순히 '오심도 경기의 일부'라며 넘어갈 수 없는 상황이 된 것이다. 분명 선수에 비해 심판의 실수를 대하는 잣대는 가혹하다. 심판은 단 한 번의 판정 실수로도 경기에 다시 나서지 못하는 경우가 비일비재하다. 따라서 선수 못지않게 훈련을 하고 누구보다 커다란 무게감으로 뛰는 이들이 심판이다. 심판 없이는 경기가 불가능하다. 꼭 필요한 존재이기에 부정적인 시선으로만 심판을 바라보지 말고 발전적인 방향, 존중하는 자세로 함께 경기를 완성해야 할 당위성이 여기에 있다.

영국 공영방송인 BBC의 EPL 전문 프로그램 '매치 오브 더 데이(MOTD; Match of the Day)'는 심판의 잘못된 판정 부분을 리플레이하며 적나라하게 드러내기도 하고 독일의 축구전문지 '키커(Kicker)'는 특정 경기의 심판에 대한 평점까지 부여한다. 이는 심판의 권위를 깎아내리는 목적이 아닌 발전을 위한 반성의 계기로 삼는데서 받아들여지고 있다. 우리나라에서는 심판의 공정한 평가를 위해서 암행심판제도를 도입하자는 목소리가 있었다. 각 구단 감독들이 무기명으로 투표하여 비밀리에 활동하는 암행심판들을 선정하고 그들이 경기를 모니터링하여 분석한 심판 자료를 경기 후 판정 평가에 포함하자는 것이었다.

심판에 대한 다양한 평가 방식과 훈련 및 교육의 강화는

2013년에는 95.8%로 나타났다. 경고(90.7% → 94.5%), 퇴장(75.4% → 85.2%), 오프사이드(95.0% → 96.1%) 판정의 정확도는 전년 대비 높아진 것으로 나타났다.

갈수록 중압감이 커지게 만든다. 기본적으로 심판의 자질과 판정 향상을 위해 경주하는 노력이 필요한 게 사실이지만 그들을 바라보는 선수, 지도자, 축구팬 등 여러 관계자의 인식이 함께 발전하지 않으면 밑 빠진 독에 물 붓는 격일 것이다. 실제로 일선 심판들이 토로하는 괴로움은 힘든 훈련이나 테스트가 아닌 다른 이들의 무조건적인 불신과 비존중에 관한 것이었다.

그런 맥락에서 2009년 포항 스틸러스가 제시한 캠페인 '스틸러스 웨이'의 상징성이 크다. 포항은 자체적으로 소속 선수 평가 시 판정 항의를 하거나 시간을 끄는 행위 등을 반영하기로 했다. 불필요한 시간 낭비를 줄여 경기의 박진감을 높이고 팬들에게 즐거움을 주는 것이 목표였기 때문이다. 또 2013년 수원 블루윙즈는 자체적으로 선수단을 대상으로 특별 교육을 실시했다. 주제는 '뷰티풀 K리그 심판, 상대 선수, 동료를 존중하자'였으며, 해당 시즌 모든 경기에서 주장이 'RESPECT(존중)'라고 적힌 완장을 차고 뛰기로 했다. 이러한 캠페인은 기본적으로 심판을 존중하고 판정에 승복한다는 전제를 갖고 있어 뜻 깊다.

KFA와 연맹 차원의 분위기 조성도 중요하다. 'RESPECT' 캠페인처럼 국내 실정을 고려하여 심판 이미지 개선을 위한 중·장기 캠페인을 활성화할 수 있을 것이다. 'RESPECT' 캠페인은 2007년부터 FA가 시작했으며 이후 UEFA 차원으로 확대되었다. 선수 캠페인과 심판 캠페인으로 구성되는데 후자는 심판을 존중하자는 메시지(No Respect, no Referee, no Game)가 핵심이다. 선수들이 'RESPECT' 패치를 유니폼 소매에 부착하고 경기를 하는 등 적극적인 홍보 노력으로 판정 시비가 10% 정도 감소하는 성과를 냈다고 한다. 단순히 패치를 착용하고 경기했기 때문이 아니라 심판의 사기를 높이고 신변을 보호하는 규정을 마련하는 등 캠페인과 연계한 실질적인 조치가 뒷받침된 덕분이었다. 이에 KFA도 '축구윤리 3대 캠페인'의 일환으로 향후 'RESPECT' 캠페인을 벤치마킹할 계획이라고 밝혔다.

그동안 심판은 주변인으로 대우를 받아온 경향이 있다. 국내 경기에서 심판진이 소개되기 시작한 것도 최근의 일이다. 경기 전 심판진에 대한 소개는 다른 이들이 관심을 기울이지 않아도 심판 스스로 책임감과 자부심을 느끼는 계기가 된다. 역할을 따지고 보면 심판이 경기의 조연으로 머무르는 것은 어쩔 수 없지만 지나치게 모습을 감출 필요도 없다. EPL은 홈페이지(www.premierleague.com)에서 심판 프로필을 비중 있게 다루고 있다. 심판별로 경기 중인 모습의 개인 사진과 경기 출장 횟수, 옐로/레드 카드 사용 횟수, 데뷔년도 등 기본 정보뿐 아니라 간단한 프로필 내용까지 볼 수 있게 만들었다. EPL은 축구팬들이 심판을 볼 수 있도록 전면에 내세우면서 자부심을 고취시키는 한편, 판정에 대한 책임감을 스스로 느끼게 만든다. 또한, 심판 정보를 공개함에 따라 심판간 선의의 경쟁을 불러일으키고 평가의 투명성을 제고하는 효과도 있다.

》》 EPL 심판 정보 (2012-13 시즌 기준)

심판원	경기 수	옐로카드	레드카드	데뷔 시즌
Martin Atkinson	24	90	1	2004/05
Mark Clattenburg	21	67	6	2004/05
Mike Dean	28	104	3	2000/01
Phil Dowd	26	79	4	2001/02
Roger East	5	8	3	2012/13
Chris Foy	21	45	1	2001/02
Kevin Friend	24	95	2	2009/10
Mark Halsey	18	39	2	1999/00
Michael Jones	22	69	2	1994/95
Robert Madley	1	4	3	2012/13
Andre Marriner	24	76	5	2004/05

Lee Mason	24	80	3	2005/06
Jonathan Moss	23	68	1	2010/11
Michael Oliver	22	60	1	2010/11
Craig Pawson	1	2	0	2012/13
Lee Probert	24	79	5	2006/07
Neil Swarbrick	18	61	0	2010/11
Anthony Taylor	24	60	6	2009/10
Howard Webb	30	109	4	2003/04

EPL이 심판의 권위를 세워준 또 다른 사례가 있다. 한 선수가 경기 당일 심판전용 화장실을 무단 이용했다는 이유로 FA가 1만 파운드(당시 약 1,800만원)의 벌금을 물게 한 것이다. 또 알렉스 퍼거슨 감독은 심판을 비난하는 강도가 워낙 높아서 징계위원회로부터 1만 2천 파운드(약 2,065만원)의 벌금을 부과받기도 했다. 그는 심지어 심판을 칭찬하는 행위로 벌금을 물기도 했다. 어떤 경우에서도 심판에 관한 언급을 하면 안 되는 규정 때문이었다. 독일축구협회도 한 선수의 판정 불만에 대하여 1천만원 가량의 벌금과 6경기 출전 정지를 결정했다. 그 이유를 "선수는 선수로서 할 일에 충실하면 된다. 심판 판정에 대한 부분은 감독관이나 전문가들이 분석할 사안이지 선수가 판정에 관해 왈가왈부하는 것은 옳지 않기 때문이다"라고 밝혔다. 그 외에도 많은 선수와 감독이 심판 판정에 항의하다가 벌금을 물곤 했다. 나아가 구단에 피해를 주는 경우도 있었다.

한국프로축구연맹도 심판 판정에 대한 언급을 할 경우 벌금을 부과하고 있다. 세뇰 귀네스 감독은 심판 판정에 대한 부적절한 언행으로 1천만원의 제재금을 부과받은 바 있으며, 신태용 감독은 아예 벌금형을 작정하고 심판에 대한 쓴소리를 하기도 했다. 이러한 제재는 심판을 보호하고 권위를 지키기 위함이라는 명분이 있지만 특별대우로 인식되기도 한다. 감독이나 선수들이 판정에 관하여 언급조차 할 수 없다면 어떻게 심판과 소통이 이루어질 수 있느냐는 비판이 발생하는 까닭이다. 진정 심판을 축구계의 동반자로 자리 잡게 하려면 세심하고 탄력적인 운영의 묘가 필요하다.

흥미로운 부분은 2008년 연맹이 경기 후 판정 논란이 발생하거나 관련 구단으로부터 이의 제기가 있을 경우 해당

심판이 입장을 밝힐 수 있도록 인터뷰 실시를 검토하기도 했다는 점이다. 2003년부터 연맹이 각 구단 서포터즈와 심판이 교감할 수 있도록 주최하는 'K리그 서포터즈 축구대회'도 심판에 대한 신뢰 구축에 기여하고 있다. 2004년 K리그 올스타전 하프타임 행사로 열렸던 릴레이 달리기에서는 올스타 선수들과 심판들이 함께 달리는 진풍경이 펼쳐졌다. 비록 단발적인 이벤트였지만 좋은 시도로 여겨진다.

2006년 후반기부터는 K리그 경기 후 심판진과 양 팀 선수단이 악수와 함께 인사를 나누도록 의무화했다. 그렇게 한다고 해서 곧바로 신뢰가 형성되는 것은 아니겠지만 페어플레이와 동업자 정신을 다지는 상징적인 시도로 볼 수 있다.

2007년 전북축구협회는 지역 축구협회 중 최초로 도내 초중고·대학교 선수 및 지도자, 관계자, 학부모 800명을 대상으로 강연회를 실시했다. 내용은 FIFA의 페어플레이 강령을 바탕으로 경기에 임하는 선수의 자세와 심판에 대한 예의 등을 주로 했다. 기본적인 내용이었지만 그 해 소년체전(초·중등부)과 전국체전(고등·대학부) 지역 예선에서 판정에 관한 잡음이 눈에 띄게 감소하기도 했다. 결국 일방적인 존중이란 있을 수 없다. 상호간의 소통과 공감대 형성이 이뤄질 수 있어야 한다.

5. 국내 축구 심판의 해외 진출

지난 1997년 국내 프로축구에 첫 외국인 심판이 모습을 나타낸 이후 체코, 독일, 싱가포르, 미국, 중국 등 여러 국적의 심판들이 우리나라를 다녀갔다. 특히, 독일 출신의 심판진은 K리그 플레이오프, 챔피언결정전 같은 주요 경기의 단골손님이었다. 해당 심판들이 뛰어난 판정으로 명성이 높았고 또 공정한 경기 운영을 위한다는 명분이 있었지만 국내 심판의 사기를 저하시키고 장기적인 발전을 저해한다는 여론이 뒤따랐다. 이제는 비싼 보수를 주며 외국인 심판을 데려오는 일이 없어졌다. 가끔 아시아 국가간 심판 교류 프로그램의 일환으로 접할 수 있는 정도다. 더 이상 외부에 의존할 필요가 없을 정도로 국내 심판의 수준이 향상되었음을 나타내는 반증이다.

이제 우리나라의 여러 국제심판들도 해외 무대에서 활약하며 명성을 높이고 있다. 특히나 아시아에서는 상위 그룹에 속할 정도로 인정받고 있다.

김영주 심판이 1998년 3월부터 6월까지 J리그 19경기에서 휘슬을 잡은 것이 대표적인데 아시아 심판으로서는 최초였다. 2008년에는 KFA 1급 심판 3명이 JFL에 진출한 바 있다. 그러나 양국 협회 차원의 교류 활동이었고 그 기간도 짧았다. 또 2010년 '한·중 심판 교류프로그램'에 따라 4명의 국내 심판이 중국 C리그 두 경기에 참가하기도 했다. 2011년에는 중국축구협회가 자국 FA컵 준결승 2경기에 KFA 심판진을 파견해달라는 요청을 했다. 이에 KFA는 한국프로축구연맹과 공조하여 K리그 전임주심 2명과 국제심판인 부심들을 파견했다. 이후 동 대회 결승전까지 파견 요청을 받았으니 우리나라 심판에 대한 위상을 확인할 수 있었던 사례다.

국내 최고의 심판 중 한명이었던 권종철 심판은 은퇴 후 AFC와 FIFA의 심판강사로도 맹활약했는데 2009년 한국인 최초로 해외 심판(태국)을 대상으로 교육을 진행하기도 했다.

아시아의 라이벌인 일본은 월드컵 첫 참가와 프로리그 출범 시기 모두 우리나라보다 뒤처진다. 하지만 축구 심판의 위상만큼은 이야기가 다르다. 일본은 1970년부터 꾸준히 월드컵 심판을 배출해냈는데 2014년 브라질 월드컵까지 총 여덟 차례의 월드컵에서 주심 및 부심이 각 4명씩을 차지했다. 반면, 우리나라는 1994년 미국 월드컵부터 총 다섯 차례의 월드컵에서 주심 1명과 부심 4명을 배출했으니 대조적인 부분이다. 월드컵 심판은 세계 최고의 심판을 상징한다. 절대적이지는 않더라도 월드컵 심판의 수는 그 나라의 심판 수준뿐 아니라 축구 수준을 대변한다고 볼 수 있다.

》》 일본의 역대 월드컵 심판

출전 월드컵	주심	부심
1970년 멕시코 월드컵	-	Yoshiyuki Maruyama
1986년 멕시코 월드컵	Shizuo Takada	-
1990년 이탈리아 월드컵	Shizuo Takada	-
1998년 프랑스 월드컵	Masayoshi Okada	-
2002년 한·일 월드컵	Toru Kamikawa	-
2006년 독일 월드컵	Toru Kamikawa	Yoshikazu Hiroshima
2010년 남아공 월드컵	Yuichi Nishimura	Toru Sagara
2014년 브라질 월드컵	Yuichi Nishimura	Toru Sagara Toshiyuki Nagi

2회 연속으로 월드컵 심판으로 선발되었던 일본의 가미가와 토루 주심은 2006년에 비유럽인 심판으로는 처음으로 러시아 프리미어리그에 진출했다. 월드컵 심판 경력을 인정받았음은 물론이다. J리그 차원에서도 보다 많은 심판의 해외 진출을 꾀하고 있다. 첫 단계는 아시아 프로리그로 심판을 진출시키는 것인데 태국, 베트남, 미얀마의 프로리그와 협정을 체결하여 심판 교류를 준비하고 있다.

한국프로축구연맹도 2005년부터 심판 발전 프로젝트를 진행하고 있다. 1단계는 심판 판정 기준을 일관성있게 정립하는 것이며, 2단계는 국제교류시스템을 통한 A급 심판을 양성하는 내용이다. 2019년까지 아시아 프로 1부 리그에 국내 심판을 진출시킨 다음 유럽 리그까지 진출시키겠다는 야심찬 계획이다. KFA도 'AFC 프로젝트 퓨처 레프리(Project Future Referee)' 코스를 비롯하여 대외적으로 인정받는 심판 양성 프로그램에 우리나라 심판을 진출시킴으로써 장차 해외 리그로 뻗어나갈 수 있는 발판을 마련하고 있다.

요즘은 우리나라 선수의 유럽 진출이 익숙하지만 심판의 경우는 여전히 생소한 일이다. 하지만 국내 심판의 수준이 나날이 향상되고 있기에 해외 여러 곳에서 그들의 활약을 기대해볼만하다. 우선 AFC 엘리트 레프리 그룹에 속하고 나아가 FIFA에서 공인하는 국제심판이 많아져야 국내 심판의 해외 진출도 가능할 것이다.

제6장
페어플레이와 심판

제6장 페어플레이와 심판

"심판으로서 한국 프로축구 발전을 위해 가장 중요한 것이 무엇이라고 생각하느냐?"는 질문에 한 K리그 전임심판은 이렇게 답했다.

"심판과 선수 그리고 지도자가 동업자 정신을 가져야 합니다."

여기서 '동업자 정신'을 조금 바꿔보면 '페어플레이 정신'으로 확장할 수 있다. 그리고 축구 경기의 필수 요소로서 관중이 더해진다. 모든 참여 주체들이 페어플레이 정신을 가질 때 비로소 축구는 발전할 수 있다. 완벽한 경기를 위해서 심판의 정확한 판정은 기본적이다. 판정의 정확도 향상을 위해 심판계와 관련 단체들이 어떤 노력을 기울이고 있는지 이미 살펴보았다. 하지만 그것만으로는 부족하다. 심판과 함께 상호작용하는 다른 주체들(선수, 지도자, 관중 그리고 미디어)의 신뢰와 협력 없이는 무의미하기 때문이다.

FIFA는 '페어플레이 강령(FIFA Fair Play Code)'을 통해 축구인이 가져야할 공통의 약속을 명시하고 있으며, KFA도 비슷한 의미의 '축구인 헌장'[84])을 두고 있다. 특히, '상대와

---

84) KFA 축구인 헌장은 FIFA 페어플레이 강령과 유사하며, 10개 항목으로 구성되어 있다. 승리를 위하여 최선을 다한다, 정정당당하게 경기한다, 경기 규칙을 준수한다, 상대와 동료 선수·심판과 임원·관중을 존중한다, 패배를 당당하게 인정한다, 축구의 발전과 권익을 위해 노력한다, 축구에 해가 되는 부정과 부패·차별과 폭력을 배격한다, 축구 관련 분쟁은 축구협회와 국제축구연맹을 통하여 해결하고 그 결정을 존중한다, 우리는 축구 가족이다. 서로 돕고 산다, 축구의 명예를 위해 헌신한 이들을 드높인다 등이다.

동료 선수, 심판 및 경기 임원, 관중을 존중한다'와 '경기규칙을 준수한다'는 핵심적인 부분으로서 공통적으로 강조된다. 페어플레이 강령이 만들어지고 또 엄파이어 대신 레프리가 도입된 까닭은 안타깝게도 그라운드에서 서로에 대한 존중과 규칙 준수가 잘 이뤄지지 않기 때문이다.

》》 FIFA 페어플레이 10대 강령

1. 정정당당하게 경기한다. (Play fair)
2. 승리를 위해 경기하지만 패배를 당당하게 받아들인다. (Play to win but accept defeat with dignity)
3. 경기규칙을 준수한다. (Observe the Laws of the Games)
4. 상대와 동료 선수, 심판 및 경기 임원, 관중을 존중한다. (Respect opponents, team-mates, referees, officials and spectators)
5. 축구의 이익을 향상시킨다. (Promote the interests of football)
6. 축구의 명예를 위해 헌신한 이들을 드높인다. (Honour those who defend football's good reputation)
7. 부정부패, 약물, 인종차별, 폭력, 불법적인 도박 그리고 기타 스포츠를 저해하는 어떠한 행위도 거부한다. (Reject corruption, drugs, racism, violence, gambling and other dangers to our sport)
8. 부정한 압력에 저항하는 이들을 돕는다. (Help others to resist corrupting pressures)
9. 축구의 명예를 훼손하는 이들을 세상에 알린다. (Denounce those who attempt to discredit our sport)
10. 축구로서 보다 나은 세상을 만든다. (Use football to make a better world)

페어플레이 강령에서 '정정당당하게 경기한다'가 첫 번째로 언급되는 것은 결코 우연이 아니다. 여기서 경기의 주체는 선수만을 지칭하는 게 아닐지라도 사실상 가장 핵심적인 행위자는 선수들이다. 선수들의 페어플레이는 무엇보다 중요하다. 기본적으로 선수들이 경기규칙을 지키고 페어플레이를 한다면 심판이 불필요한데 기력을 허비하지 않아도 된다.

오심은 심판 개인의 부족함에서 비롯되는 경우도 있지만 어느 한쪽의 선수가 교묘하게 불법행위를 저지르면서 발생하기도 한다. 중요한 점은 한 번의 잘못된 판정이 불러일으키는 파급은 실로 크다는 데 있다.

실제 오심이 발생하거나 오심이 아닌데 받아들이지 못하는 선수가 상대 선수와 격렬하게 충돌하고 판정에 항의를 계속하면 경기는 과열될 수밖에 없다. 이를 방지하기 위해 심판이 휘슬을 자주 불게 되고 경기의 흐름이 끊기면서 재미가 반감된다. 당연히 관중은 불만이 생기고 인상을 찌푸릴 것이다. 결국 선수들과 지도자, 팀의 명성과 가치를 높여주는 관중이 하나둘씩 경기장을 떠나게 됨으로써 제 살 깎아 먹기식 구태가 반복되는 것이다. 과연 심판이 홀로 감당해야 할 책임일까?

소위 축구선진국으로 꼽히는 유럽에서도 경기마다 심판 판정에 항의하는 선수들이 많다. 그럼에도 선수들이 부딪혀도 주심이 휘슬을 불지 않으면 그냥 인플레이에 임하는 문화가 조성되어 있다. 반면, 우리의 리그에서는 같은 상황에서 심판부터 쳐다보는 선수들이 많다. 그리고 판정에 대한 불만을 나타내며 경기를 지연시키곤 한다. 권종철 심판은 설령 엄청난 오심이 발생하더라도 "경기는 결코 중단돼서는 안 된다"고 강조했다. 경기와 판정은 그 자체로 존중받아야 하며, 경기를 지켜보고 있을 모든 축구팬들을 배려해야 하기 때문이다. 페어플레이 강령은 단순히 도덕적 규칙에 불과한 것이 아니다. 심판의 판정에 항의하기 앞서 스스로 페어플레이를 하고 있는지부터 되새겨볼 대목이다.

승리에 대한 과도한 집착과 심판에 대한 막연한 불신이 페어플레이 정신을 훼손하기도 한다. 국내 프로축구가 첫 선을 보인 1983년부터 구단과 지도자, 선수들의 뿌리 깊은 불신은 이어지고 있다. 판정 불만에 따른 시비는 리그 원년 부터 나왔고 오심이 발생할 때면 해당 심판이 뇌물을 받았 거나 무능력하기 때문이라며 막연하게 단정을 짓는 경향이 강하다.

2007년 한국축구지도자협의회가 실시한 '축구 심판에 대한 만족도 조사' 설문에 따르면 335명의 지도자 및 팀 관계자 중 49.6%(166명)가 심판의 경기운영에 불만족을 표했다. 만족스럽다는 의견은 14.9%(50명)가 응답했다. 불만족을 표시한 166명의 응답자들은 그 이유로 불공정한 경기운영(79명), 특정 팀 봐주기(39명), 경험부족(28명), 감정적인 경기운영(20명)을 꼽았다. 불만족의 이유들은 주관적인 의견으로서 일반화하기에 무리가 있다. 그러나 다수가 국내 심판의 경기운영에 불만을 나타낸 것은 부정할 수 없다. 질문을 조금 달리하면 그 이유를 심판의 내부와 외부요인으로 구분하여 찾을 수 있다.

 같은 해 베스트일레븐과 사커라인이 진행한 '한국축구, 판정시비의 주원인은?'이라는 설문 결과, 총 1152명의 응답자 중 37.9%(437명)가 '심판의 자질 부족'을 꼽았다. 그 다음으로는 '심판에 대한 지나친 불신'이 20.6%(237명), '심판 판정에 항의부터 하고 보는 선수들의 잘못된 습관'[85]은 18.1%(209명)로 조사되었다. 심판의 자질 부족이 내부적인 문제라면 후자는 외부적인 문제다. '심판에 대한 지나친 불신'의 원인으로 일부 심판은 '지도자의 책임 전가'를 꼽기도 했다. 경기의 승패와

---

85) 심판 판정에 항의부터 하는 선수들의 관행은 오랜 역사적 사실과 관련 있다. 국내에서 축구가 본격적으로 시작된 20세기 초의 경기규칙 때문이다. 당시 규칙은 양 팀이 무득점일 경우 페널티킥에 2점, 프리킥과 코너킥에 각 1점씩을 부과했다. 그 횟수를 합산한 점수로 승패를 결정했기 때문에 경기 중 반칙을 하고도 잡아떼기가 일쑤였던 것이다. 오히려 심판을 윽박지르거나 항의를 하기도 했다. 참고로 1922년 조선체육회는 '심판의 판정은 번복할 수 없다'고 경기규정에 명문화했다.

성적은 지도자의 이해관계와 직결되기 때문에 본인의 지도력을 문제 삼기보다 외부 요인으로 탓을 돌리는 경우가 있는데 주로 심판을 탓한다는 것이다. 일부 구단은 특정 심판으로부터 꼭 불리한 판정을 받는다고 불평하기도 한다. 이에 K리그의 심판위원장은 판정분석위원회의 엄격함을 근거로 해명을 한 적도 있다. 계속적으로 오심을 하는 심판이 배정될 수는 없으며, 상호간 오해를 풀라는 의도에서 해당 심판을 제외시키기 보다는 대기심에라도 배정할 경우가 있다는 것이다.

그라운드에서 페어플레이 정신을 해치는 직접적인 행위는 폭력(거친 파울)과 시뮬레이션(다이빙)일 것이다. 이른바 다이빙은 페널티킥이나 프리킥을 얻어내기 위해서 반칙을 당한 것처럼 의도적으로 넘어지는 행위다.[86] 이는 주심이 혼자서 잡아내기 어려운 부분이다. 골대 근처에서는 양 팀 선수들이 더욱 빠르게 움직이고 약간의 신체 접촉으로 균형을 잃을 수 있는 게 사실이다. 때로는 수비수의 강력한 접촉에 무리하게 버티는 것보다 안전하게 넘어지는 게 부상을 줄일 수 있는 방법이기도 하다.

---

[86] 스페인어로 아스뚜또(astuto), 이탈리아에서는 퍼비지아(furbizia)라는 표현을 쓰기도 하는데 모두 '교활한, 간사한'이라는 뜻을 갖고 있다. 우리나라에서는 '헐리우드 액션'이라 부르기도 한다. 세계적인 축구스타 중에서도 '다이버'라는 오명이 따라다니는 이들이 다수 있다.

　기본적으로 페어플레이를 한다는 믿음과 신뢰가 구축되어야 공정한 판정을 내릴 수 있을 것이다. 따라서 거짓된 다이빙은 절대적으로 지양되어야 하는 행위다.
　호주축구협회는 시뮬레이션 액션으로 골을 넣거나 이득을 챙긴 선수를 사후 비디오 판독으로 잡아내 2경기 출전 정지의 징계를 내렸다. 습관적으로 다이빙을 하는 선수는 심판들의 관찰 대상이 되기도 한다. 실제로 그러한 선수들은 다음에 반칙을 당하더라도 심판들이 휘슬을 불길 꺼려하게 된다. 심판도 불신감을 가질 수 있기 때문이다. 결국 양치기 소년처럼 선수 자신이 손해를 보는 경우가 발생하게 된다.

때때로 심판은 폭력 행위의 피해자가 되기도 한다. 믿기 힘들겠지만 폭력 행위가 도화선이 되어 극단적인 살인 사건으로 비화되는 경우도 있었다. 어떤 이유로든 그라운드 위에서 폭력 행위는 용인될 수 없다.

주로 선수가 심판의 판정에 항의하는 과정에서 폭력 행위로 이어지는 경우가 많다. 2000년에 EPL은 심판의 보호를 위해 폭력 행위자에게 강력한 처벌을 가하는 규정안을 내놓았다. 만약 선수가 심판과 몸싸움을 벌일 경우 출전 정지 1~5년, 심판의 몸을 잡거나 밀치기만 해도 최소 3경기에서 12경기까지 출전정지 처분을 받도록 했다. 선수들이 집단적으로 심판에게 항의를 할 경우 해당 팀은 25만 파운드(당시 약 4억 2천만원)까지 벌금을 물거나 심한 경우 승점도 감점당할 수 있다는 내용도 포함되었다. 또한, 어느 팀이 한 경기에서 경고와 퇴장을 포함하여 총 6장 이상의 카드를 받을 경우도 2만 5천 파운드(당시 약 4천 2백만원)를 내도록 했다.

선수보다 더 무서운 가해자는 다수의 관중이기도 하다. 2004-05 UEFA 챔피언스리그 조별예선 경기(AS로마-디나모 키예프)에서 관중이 던진 라이터에 안데르스 프리스크[87] 주심이 중상을 입어 최초로 경기가 중단되는 사태가 발생했다. 공교롭게도 프리스크 주심은 '라이터 테러'를 당한 뒤, 동대회 16강전(첼시-바르셀로나)을 계기로 심판직에서 스스로 물러나기도 했다. 당시 경기는 2-1로 바르셀로나가 승리했는데 첼시 팬들로부터 온갖 살해 협박을 받으며 신변의 위협을 느꼈기 때문이다. 이에 UEFA 심판위원장은 "어이없는 이유로 유능한 심판을 잃었다"며 심판에 대한 위협에 맞서 모든 심판이 파업을 할 수 있다는 강경한 입장을 표명

---

[87] 프리스크 심판은 스웨덴 출신의 세계적으로 명성을 떨쳤던 심판으로 유로 2000 결승전의 주심을 맡았으며, 2004년 IFFHS가 발표한 심판 랭킹에서 마르커스 머크(독일), 피에르루이기 콜리나(이탈리아)에 이어 3위에 이름을 올렸다. 심판으로는 최초로 회장상(Presidential Award)을 수상(2005)하기도 했다.

한 바 있다.

덴마크에서도 축구팬이 심판에게 폭력을 휘두른데 대하여 25만 1447유로(약 3억 7천만원)를 배상하라는 판결이 나왔다. 개인에게 엄청난 배상 금액을 물게 한 이유는 당시 덴마크와 스웨덴의 유로 2008 예선 경기에서 문제의 팬이 주심을 폭행하면서 경기는 중단되었고 결국 덴마크가 0-3으로 몰수패를 당했기 때문이다. 이후 UEFA는 덴마크에 A매치 2경기 개최 금지를 부과했으니 피해가 이만저만이 아니었다.

심판에 대한 폭력 행위는 물리적인 것에만 국한되지 않는다. 욕설·조롱·과도한 항의·인격적인 모독은 모두 정신적인 상처를 남긴다. 마다가스카르라는 섬나라의 한 프로팀은 판정에 항의하는 의미로 자책골을 149골이나 넣기도 했다. 해당 경기의 심판에게 엄청난 불명예와 모욕감이 돌아갔음은 물론이고 경기가 끝난 뒤 팬들이 환불을 요구하며 항의가 잇따른 최악의 사태였다. 또 다른 불만의 표현으로 네덜란드의 한 아마추어 축구선수가 심판의 머리에 키스를 한 대가로 8주간 출전정지 처분을 받기도 했다. 그 이유는 심판에 대한 '신체적 폭력 및 음란행위' 때문이었다. 브라질에서도 한 선수가 심판의 볼에 입을 맞춰 경고를 받았다. 심판에 대한 불필요한 신체 접촉 때문이었다. 심판의 퇴장 명령을 받아 흥분한 선수가 레드카드를 심판에게 먹이려고 하는 경악스러운 일도 있었으며, 반대로 선수 본인이 삼켜버린 일도 있었다. 이탈리아의 한 구단주는 자신의 팀이 강등되자 심판 판정에 불만을 품고 색다른 항의를 감행했다. 일명 '심판 잡기'라는 컴퓨터 게임을 개발했는데, 선수가 해머를 들고 축구 심판을 쫓아다니며 내려치는 내용이었다.

강력한 제재가 모든 문제를 해결해 줄 수는 없을 것이다. 결국 모두를 위한 약속인 페어플레이 정신을 되새기려는 노력이 절실하다. 콜리나 주심은 현역 시절에 가장 기억에 남았던 페어플레이로 파올로 디 카니오의 사례를 들었다.[88] 디 카니오는 완벽한 득점 기회가 생겼음에도 공을 손으로 잡으며 중단했는데, 그 이유는 상대 팀 골키퍼가 부상으로 쓰러졌기 때문이었다. 득점 직후 자신의 골이 부당했음을 주심에게 곧바로 알린 미로슬라프 클로제도 있다. 한 공격수는 골에어리어 안 경합 과정에서 넘어졌고 페널티킥 판정을 받았으나 벌떡 일어나 본인 발에 걸려 넘어졌을 뿐이라며 항의하다가 되려 경고를 받기도 했다. 경기 후 그 선수에게 주어진 경고는 무효로 처리되어 다음 경기를 출전할 수 있었다. 이처럼 어떤 경우에도 심판은 경기규칙을 기준으로 판정(판정 항의에 경고)해야 하며, 페어플레이 정신을 지키기 위한 행위는 보호(경고 무효)되어야 한다. 누구보다 먼저 선수들이 페어플레이를 펼쳐야 하며 지도자를 비롯한 모든 관계자들은 그것을 지지하고 장려해야 마땅하다. 페어플레이는 축구의 아름다움을 배가시키며 심판 스스로 책임감을 느끼게 만드는 힘이 있다.

---

[88] 국내 심판들은 대부분 최고의 페어플레이어로 박지성 선수를 꼽았다.

맺음글

심판을 존중하자.
최고의 심판은 함께 만들어가는 것이다.

국내 축구 심판계 대부인 김덕준 심판은 경기장에 들어설 때면 심판의 여신 '저스티샤(Justitia)'가 연상된다고 밝히기도 했다. 고독하게 뛰어다니는 이방인이 되기도 하며, 스스로가 심판을 받는 법정에 들어서는 기분이라고도 했다. 축구 심판으로 계속 활동하려면 나날이 강도가 높아지는 테스트를 통과해야 하고, 그러기 위해서 끊임없는 자기관리를 해야만 한다. 그렇게 선 그라운드에서는 어느 팀에도 환영받지 못하고 때로는 모욕적인 언사를 감내해야 한다. 큰 수입이나 혜택이 제공되는 것도 아니다. 그럼에도 심판복을 입는 이유는 무엇일까? 실제로 여러 심판들에게 그렇게 물었다. 다양한 답변이 돌아왔고 접점을 이루는 부분은 결국 자기만족과 자부심이었다.

자기만족은 좋은 판정을 내렸을 때의 성취감, 축구인으로서의 보람, 자기관리를 통한 심신의 건강 등 스스로 노력하여 얻는 부분이다. 반면, 자부심을 온전히 느끼려면 심판에 대한 존중이 뒷받침되어야 한다. 심판의 판정에 대해서는 격한 감정을 토해내면서 칭찬과 존경에 인색해서는 안 된다. 심판은 스스로가 자부심을 강하게 느끼는 드문 직종이기 때문이다. 그마저 주어지지 않으면 심판이 갖은 고초를 겪으며 그라운드에 서야 할 이유가 사라진다. 스페인의 아이콘인 라울 곤잘레스가 은퇴 경기에 나선 심판을 따뜻하게 안아주며 존경을 표했던 이야기는 미담으로 전해진다. 우리나라에서 그런 장면을 볼 수 있을까? 그에 앞서 심판을 하나의 구성원으로서 존중하는 분위기부터 형성되었으면 하는 바람이다.

기본적으로 축구팬은 심판보다 선수의 편에 선다. 심판이 옳은 판정을 내려도 자신이 응원하는 팀이나 선수의 이익에 반하는 경우 볼멘 소리를 서슴지 않는다. 여론이 보다 중립적이라면 심판이 보다 소신 있는 판정을 하는데 도움이 된다. 서포터즈는 응원하는 팀과 선수가 잘하거나 못 할 때도 변함없이 지지를 보내준다. 마찬가지로 심판도 서포터즈가 필요하다.

세계무대를 누비는 국제심판은 민간외교관으로 볼 수도 있다. FIFA는 국제연합(UN)뿐 아니라 국제올림픽위원회보다 더 많은 가맹국을 자랑한다. 국제대회에 모인 각국의 심판들은 서로를 통해 조국을 알릴 수 있고, 경기를 지켜보는 많은 이들에게 홍보대사 역할을 한다. 나아가 '축구로서 보다 나은 세상을 만든다'로 대변되는 페어플레이 정신을 세계 곳곳에 전파한다. 유로 2004에 참가한 심판진 전원이 'protect children in war(전쟁 속의 어린이를 보호하라)' 캠페인의 일환으로 상의 소매에 특별 제작된 'Let us Play' 패치를 부착하고 경기에 나서면서 세계 여러 축구팬들로부터 관심을 끌어냈던 사례가 대표적이다.

선수들이 국제대회에 나갈 경우 자국 국제심판을 통해 판정의 가이드라인을 제공받기도 한다. 현역 선수라 해도 숙지를 하지 않으면 간과하는 경기규칙이 있기 때문이다. 또한, 자국의 판정 문화에 지나치게 익숙해져 있을 시 국제적인 판정 경향을 놓쳐 실수를 저지르기 마련이다. 자국 축구심판의 존재감만으로도 은근한 어시스트 효과를 볼 수 있다. 그 효과란 자국 경기를 맡은 동료 국제심판에게 무언의 압력을 주거나 직접적으로 입김을 불어넣는 것이다. 실제로 월드컵에 참가했던 우리나라 심판이 한국 대표팀의 경기를 담당한 동료 심판에게 "잘 봐 달라"는 당부를 하기도 했다. 이는 청탁의 뉘앙스가 아니다. 말 그대로 편파 판정 없이 공정한 경기 운영을 해달라는 의미였다. 해당 심판은 의식을 할 수밖에 없고 판정에 더욱 신경을 쓰게 된다.

비단 한국 선수들만이 우리나라의 축구 수준을 높이는 것이 아니라 심판 또한 일조하고 있다. 오늘날 한국 축구가 아시아 최강의 이미지를 구축한데는 단편적인 부분의 합이 아니다. 여러 가지 요소와 더불어 우리의 수준 높은 축구 심판도 당당히 한몫을 담당하고 있는 것이다. 분명 전보다 한국 심판의 위상이 높아졌고 더 나은 미래를 향해 달려가고 있지만 여전히 답보 상태인 부분이 있다. 바로 과거를 정리하고 보존하는 일이다.

국내 심판 관련 자료를 수집하는 과정에서 어려움을 겪기도 했다. 누차 강조했지만 국제심판과 월드컵 심판은 해당 국가의 축구 수준을 상징한다. 그러나 관련 자료를 구하기 위해 여기저기를 찾아다녀야 했다. KFA 홈페이지를 통해 역대 한국인 월드컵 심판에 관한 정보와 연도별로 정리된 국제심판 목록 정도는 볼 수 있으면 좋겠다. 각종 심판상 수상자 현황도 통합 정리가 필요하다. 해당 심판들이 자부심을 느낄 수 있도록 말이다. 나아가 많은 후배 심판들이 존경을 표하고 목표의식을 갖게 만드는 표상이 세워져야 한다. 그것이 심판 존중을 위한 또 다른 시작점이 될 것이다.

더하여 미국처럼 명예심판(Emeritus Referee) 제도의 도입을 검토해볼만하다. 은퇴한 심판이 일정한 조건을 갖추면 현역 시절의 급수(Grade 3.Professional Referee~6.State Referee)에 상응하는 급수(Grade 13~16)를 부여하는 식이다. 잉글랜드의 경우 아마추어리그 심판의 정년이 따로 없기 때문에 고령의 '노인 심판'도 심심찮게 볼 수 있다. '한번 심판은 영원한 심판'이라는 분위기를 조성하고 등급에 맞는 실제 혜택을 제공하여 심판 스스로 자부심을 고취시킬 수 있게 해야한다. 또 바라보는 이들의 관심을 유발하여 심판 입문을 견인하는 명예대사를 양성할 수 있을 것으로 기대된다.

여러 선수에게 오프사이드 규칙을 물어보면 다양한 답변이 나오지만 심판에게 물어보면 일치된 답변을 들을 수 있다. 생각보다 많은 선수들이 경기규칙에 대한 명확한 이해가 부족한 모습을 나타내기도 한다. 규칙을 정확하게 숙지하지 않아도 경기하는데 지장이 없고 또 심판이 판정을 해주기 때문이다. 선수뿐 아니라 지도자와 팀 관계자도 마찬가지다. 경기규칙에 대한 이해도가 높을수록 심판에 대한 불필요한 오해와 불신은 줄어든다. 그를 위해 직접 심판 강습회에 참가하는 방안이 권장된다. 실제로 2006년 현직 프로구단 감독들이 심판 특별강습회에 자리한 바 있으며, 2011년 제주유나이티드의 임직원들이 단체로 심판 강습회에 참가하기도 했다. 필자도 3급 심판 자격을 취득하는 과정에서 많은 인식의 변화를 겪은 바 있기에 축구팬들에게도 적극 권하고 싶다. 역지사지로 심판에 대한 이해를 넓히고 새로운 기회로 활용할 수 있다. 심판은 축구계의 블루오션이다. 비선수 출신도 노력 여하에 따라 성공할 수 있는 가능성이 열려 있기 때문이다.

문득 최고의 심판은 누구일까 생각해본다. 월드컵 결승전의 주심일까? 한 심판의 말에서 해답의 실마리를 찾을 수 있었다. "진 팀에게서도 판정이 공정했다"는 이야기를 듣는 심판. 나아가 지도자, 축구팬 모두로부터 갈채를 받는 그런 심판일 것이다. 경기 후 선수나 감독이 던지는 "수고했다"는 흔한 한마디에서도 심판은 보람을 느낀다고 한다. 하물며 그라운드 위의 따뜻한 격려와 박수는 심판진을 위한 최고의 찬사이지 않겠는가.

심판을 존중하자. 최고의 심판은 함께 만들어가는 것이다.

부록

역대 국제심판 명단 (1951~2014년)

강병호	강도준	강동호	강성추	강창구
고성득	고정훈	고형진	곽동일	곽정빈
구자민	권종철	길기철	김경민	김계수
김광종	김광택	김규환	김대영	김대용
김덕준	김동진	김미옥	김봉수	김부근
김상우	김선진	김성간	김성일	김수덕
김숙희	김영주	김영진	김영하	김완태
김용수	김용식	김월용	김은진	김의수
김인수	김장권	김정호	김종혁	김종희
김주원	김진영	김진옥	김태영	김현구
김화수	김화집	김회성	김희곤	김희욱
나윤식	노병일	맹광섭	맹명섭	문용배
민배식	박경인	박경화	박미숙	박상구
박영식	박인선	박종규	박종환	박지영
박해용	박호경	박화덕	박희차랑	배재용
배종호	백봉기	서무희	서정삼	석진두
선영제	성낙운	손재선	손종덕	송희도
신화연	심건택	심규훈	안광진	안봉기
안상기	안영걸	양병은	양선영	유건호
유병섭	유영태	유종린	윤광열	윤순용
윤원배	윤일오	은종복	은택표	이광철
이기영	이도하	이동준	이민후	이삼호
이상권	이상룡	이성룡	이수남	이슬기
이영창	이영철	이영춘	이용일	이우봉
이우현	이유형	이재성	이정민	이종국
이진호	이흥탁	임은주	임종호	임창식
장준모	장현도	전영현	정명수	정순기
정 종	정지영	정해상	조영하	조현재
지승민	차경복	차덕환	차성미	차순옥
최광석	최길수	최명용	최미경	최민병
최석길	최수진	최영주	최일건	최창선
최태원	한경화	한귀석	한남식	한병화
한운집	홍덕영	홍은아	홍택희	(가나다 순)

대한축구협회 심판상 수상자

연도	최우수 주심(남/여)	최우수 부심(남/여)	심판원 기타 수상
2005	최명용	최석길	임은주 심판(특별상)
2006	윤석빈	김정호	김대영 심판(특별상)
2007	이경섭	박상범	권종철 심판(특별상)
2008	김완태	이병훈	윤석빈 심판(공로상), 김명재, 이상호 심판(이상 감사패)
2009	최명용 / 김숙희	정해상 / 이슬기	이병훈 심판강사(공로상)
2010	김상우 / 박지영	양병은 / 양선영	정해상 심판(공로상)
2011	매호영 / 나수경	윤광열 / 김경민	유명복, 윤상원 심판(이상 공로상)
2012	김종혁 / 신칠금	인제일 / 박미숙	이용운, 오종원, 홍은아, 김용대 심판(이상 공로상), 이안 블란차드 FA심판국장(감사패)
2013	박필준 / 정지영	최민병 / 추숙희	서정삼 심판위원, 왕종국 심판위원, 전기록 심판(이상 공로패)

초기 '축구인의 밤'을 통해 시상식이 진행되었으며, 차기 년도에 개최되었다. 2009년부터는 연말 시상식으로 바뀌었다. 시상 시점이 아닌 수상자의 활약 연도를 기준으로 작성했음을 밝힌다.

대한체육회 체육상 심판부문 수상자

구분	심판원	수상명
1997년(제43회)	김용대	표창
1998년(제44회)	안봉기	표창
2000년(제46회)	이상권	표창
2001년(제47회)	이재성	표창
2004년(제50회)	강치돈	장려상
2005년(제51회)	박상구	장려상
2007년(제53회)	이기영	우수상
2008년(제54회)	권갑수	우수상
2009년(제55회)	최광보	우수상
2011년(제57회)	김완태	장려상
2013년(제59회)	홍은아	우수상

아시아축구연맹 심판상 수상자

연도	구분	올해의 남자 심판상	올해의 여자 심판상
2009	주심	Ravshan Irmatov (우즈베키스탄)	홍은아 (한국)
	부심	Matthew Cream (호주)	Zhang Lingling (중국)
2010	주심	Ravshan Irmatov (우즈베키스탄)	Sachiko Yamagishi (일본)
	부심	Toru Sagara (일본)	Shiho Ayukai (일본)
2011	주심	Ravshan Irmatov (우즈베키스탄)	Sachiko Yamagishi (일본)
	부심	Abdukhamidullo Rasulov(우즈베키스탄)	Sarah Ho (호주)
2012	주심	Yuichi Nishimura (일본)	Sachiko Yamagishi (일본)
	부심	Abdukhamidullo Rasulov(우즈베키스탄)	김경민 (한국)
2013	주심	Benjamin Williams (호주)	Sachiko Yamagishi (일본)
	부심	Nagi Toshiyuki (일본)	Flynn Allyson Clare (호주)

국제축구역사통계연맹 연도별 세계 최고의 심판

연도	심판원	국적
1987	Romualdo Filho	브라질
1988	Michel Vautrot	프랑스
1989	Michel Vautrot	프랑스
1990	José Robert Wright	브라질
1991	Peter Mikkelsen	덴마크
1992	Aaron Schmidhuber	독일
1993	Peter Mikkelsen	덴마크
1994	Sandor Puhl	헝가리
1995	Sandor Puhl	헝가리
1996	Sandor Puhl	헝가리
1997	Sandor Puhl	헝가리
1998	Pier-Luigi Collina	이탈리아
1999	Pier-Luigi Collina	이탈리아
2000	Pier-Luigi Collina	이탈리아
2001	Pier-Luigi Collina	이탈리아
2002	Pier-Luigi Collina	이탈리아
2003	Pier-Luigi Collina	이탈리아
2004	Markus Merk	독일
2005	Markus Merk	독일
2006	Horacio Elizondo	아르헨티나
2007	Markus Merk	독일
2008	Roberto Rosetti	이탈리아
2009	Massimo Busacca	스위스
2010	Howard Webb	잉글랜드
2011	Viktor Kassaï	헝가리
2012	Pedro Proença	포르투갈
2013	Howard Webb	잉글랜드

국제축구역사통계연맹 세계 심판 랭킹

1987~2011년 심판 활동 기준

랭킹	심판원	국적	포인트
1	Pierluigi Collina	이탈리아	191
2	Markus Merk	독일	184
3	Kim Milton Nielsen	덴마크	159
4	Peter Mikkelsen	덴마크	142
5	Oscar Ruiz	콜롬비아	132
6	Sandor Puhl	헝가리	119
7	Jorge Larrionda	우루과이	108
8	Urs Meier	스위스	102
9	Anders Frisk	스웨덴	100
10	Frank De Bleeckere	벨기에	98
11	Pierluigi Pairetto	이탈리아	97
12	Massimo Busacca	스위스	96
13	Hellmut Krug	독일	96
14	Lubos Michel	슬로바키아	96
15	Juan Carlos Loustau	아르헨티나	93
16	Roberto Rosetti	이탈리아	91
17	Graham Poll	잉글랜드	82
18	Joel Quiniou	프랑스	82
19	Howard Webb	잉글랜드	80
20	Hugh Dallas	스코틀랜드	78
21	Mario van der Ende	네덜란드	76
22	Michel Vautrot	프랑스	76
23	Manuel Mejuto Gonzalez	스페인	73
24	Horacio Elizondo	아르헨티나	69

25	Luigi Agnolin	이탈리아	68
26	Hector Baldassi	아르헨티나	68
27	Bernd Heynemann	독일	66
28	Erik Fredriksson	스웨덴	62
29	David Elleray	잉글랜드	59
30	Manuel Diaz Vega	스페인	54
31	Alexis Ponnet	벨기에	53
32	Arturo Brizio Carter	멕시코	51
33	Javier Castrilli	아르헨티나	51
34	Valentin Ivanov	러시아	51
35	Aron Schmidhuber	독일	50
36	Luis Medina Cantalejo	스페인	49
37	Jose Garcia-Aranda Encinar	스페인	49
38	Ravshan Irmatov	우즈베키스탄	48
39	Herbert Fandel	독일	47
40	Bo Karlsson	스웨덴	47
41	Dieter Pauly	독일	47
42	Gilles Veissiere	프랑스	46
43	Viktor Kassai	헝가리	45
44	Benito Archundia	멕시코	44
45	Marcio Rezendede Freitas	브라질	44
46	Wolfgang Stark	독일	44
47	Carlos Amarilla	파라과이	43
48	Tullio Lanese	이탈리아	43
49	Ion Craciunescu	루마니아	40
50	Jose Ramiz Wright	브라질	39

대한축구협회 축구 심판 규정

제1장 총 칙
제1조 (목적)
본 규정은 심판위원회의 구성 및 운용, 심판원의 교육과 양성, 배정 및 관리 등 심판 운용에 관한 제반 사항을 규정하는데 그 목적이 있다.

제2조 (적용 범위)
본 규정은 심판위원회 및 심판원과 관련된 모든 자에게 적용된다.

제2장 심판위원회의 구성 및 운용
제3조 (구성 및 임기)
① 협회 정관 제45조 및 제48조를 근거로 하여 심판위원회(이하'본 위원회'라 한다.)를 조직하되, 그 구성 및 구성원의 임기는 다음 각 호와 같다.
1. 구성
   가. 위원장 : 1인
   나. 부위원장 : 약간인
   다. 위원 : 위원장, 부위원장 포함 15인 이내
2. 임기
   가. 위원장 : 이사의 임기에 준함
   나. 부위원장 및 위원 : 1년

② 협회에 등록된 팀의 지도자는 심판위원 또는 감독관을 겸임할 수 없다

제4조 (기능)
협회 정관 제32조에 의거 본 위원회의 기능은 다음 각호와 같다.
1. 경기규칙의 해석과 적용 등 공정한 심판을 위한 책임 및 감독
2. 심판원, 심판위원, 심판감독관, 심판강사 등의 활동관리
3. 심판의 교육, 등급사정, 양성 및 유지

4. 심판감독관과 심판원의 배정에 관한 사항 및 고과평정 결과보고
5. 국제심판원의 자격 심사 및 추천
6. 심판원의 상벌 건의

제5조 (위원장의 직무)

① 본 위원회를 대표하며, 심판관련 제반업무를 담당한다.
② 본 위원회 회의를 소집 및 주재한다.
③ 심판위원회의 구성에 대한 추천권을 갖는다.

제6조 (부위원장의 직무)

위원장을 보좌하며 위원장 유고시 그 업무를 대행한다.

제7조 (회의)

① 본 위원회 회의는 위원장이 소집하고, 그 의장이 된다.
② 본 위원회 회의는 재적위원 3분의 2 이상의 출석과 출석위원 과반수 찬성으로 의결한다. 단, 가부 동수인 경우에는 의장이 결정한다.

제8조 (소위원회의 구성)

① 본 위원회는 심판 업무를 효율적으로 운영하기 위하여 다음 각 호의 소위원회를 둘 수 있다.

1. 배정 소위원회
   가. 직무 : 각종 대회의 심판원 배정
   나. 인원 : 본 위원회 위원 2인 내지 3인
2. 교육 소위원회
   가. 직무 : 양성교육, 보수교육 등 심판 교육에 필요한 내용과 계획 수립
   나. 인원 : 본 위원회 위원 또는 수석 강사로 구성된 3인 내지 5인
3. 평가 소위원회
   가. 직무 : 심판 활동과 관련한 보고서 검토 및 대안 제시
   나. 인원 : 본 위원회 위원 3인 내지 5인

② 소위원회간 위원 겸직은 원칙적으로 금한다.

제3장 심판원의 구분 및 교육

제9조 (심판원의 정의)

심판원(Referee)이라 함은 협회가 발급하는 심판원 자격증을 취득한 후 심판 활동을 하는 자를 말한다.

제10조 (심판원의 구분)

① 심판원은 협회 발급 자격증 등급에 따라 다음 각호로 구분된다. 단, 국제심판은 1급 심판 중에서 본 위원회의 추천에 따라 국제축구연맹(FIFA)으로부터 승인을 득한 자로 한다.

1. 4급 심판
2. 3급 심판
3. 2급 심판
4. 1급 심판
5. 국제심판
6. 풋살 심판

② 심판원은 경기 중 역할에 따라 다음 각호로 구분되며 그 직능은 경기규칙5(주심), 6(부심) 및 관련 세칙에 의한다.

1. 주 심 (Referee)
2. 부 심 (Assistant Referee)
3. 대기심 (Fourth Official)

③ 심판원의 구분 및 자격부여에 대한 사항은 별지 1로 규정한다.

제11조 (심판원의 관장 경기)

① 심판원의 자격증 등급에 따라 관장할 수 있는 경기는 다음 각호와 같다.

1. 4급 심판 : 초등부 및 스포츠 클럽(동아리)간 경기의 주, 부심
2. 3급 심판 : 중등부 경기의 주,부심
3. 2급 심판 : 대학부, 고등부 경기의 주,부심
4. 1급 심판 : 각급 일반부 경기의 주, 부심 및 위임받은 국제 경기
5. 국제심판 : 국제 경기의 주, 부심 및 국내 경기의 주, 부심

② 상위급 심판은 하위급 경기의 주,부심을 할 수 있다.

제12조 (심판원 교육 및 자격부여)
① 심판원 교육 및 자격 부여에 대한 모든 권한은 협회에 있다.
② 시·도협회 및 연맹은 필요시 협회의 위임을 받아 자체 교육을 실시할 수 있다.

제13조 (4급 심판원 교육 및 자격부여)
4급 심판 자격을 취득하고자 하는 자는 다음 각호를 모두 충족하여야 한다.
1. 응시 자격
   가. 나이 : 만 12세 이상의 대한민국 국적을 가진 남녀
   나. 시력 : 교정시력 좌우 1.0 이상
   다. 해외여행에 결격사유가 없는 자
2. 교육진행
   가. 교육내용 : 이론, 체력, 실기
   나. 교육기간 : 3일 이상 5일 이내
   다. 세부내용 : 위 가, 나 항목을 기준으로 별도 계획에 따름
3. 자격평가 : 이론, 체력측정(별지 2) 및 실기
4. 자격증 부여 : 이론 및 실기평가에서 각각 60% 이상의 점수를 취득하고, 체력측정에 합격한 자

제14조 (3급 심판원 교육 및 자격부여)
3급 심판 자격을 취득하고자 하는 자는 다음 각 호를 모두 충족하여야 한다.
1. 응시 자격
   가. 만 16세 이상의 대한민국 국적을 가진 남녀
   나. 시력 : 교정시력 좌우 1.0이상
   다. 해외여행에 결격사유가 없는 자
2. 교육 진행
   가. 교육내용 : 이론, 체력, 실기
   나. 교육기간 : 6일
   다. 세부내용 : 위 가, 나 항목을 기준으로 별도 계획에 따름
3. 자격평가 : 이론, 체력측정(별지 2) 및 실기

4. 자격증 부여 : 이론 및 실기평가에서 각각 65%이상의 점수를 취득하고, 체력측정에 합격한 자

제15조 (2급 심판원 승급)

① 아래 각 항목을 모두 충족한 자에게 2급 심판 응시자격을 부여한다.
1. 3급 심판으로 2년 이상 활동한 자
2. 총 40회 이상의 공식경기에 주,부심으로 활동한 자
3. 협회가 지정하는 종합병원의 신체검사에서 적격 판정을 받은 자
4. 협회가 실시하는 보수교육을 이수한 자
5. 해외여행에 결격사유가 없는 자

② 2급 심판 자격증은 위 ①항의 응시자격을 충족한 자중에서 2급 심판 승급심사를 통과한 자에게 부여한다.

③ 2급 심판 승급심사기준은 별지 3과 같다.

제16조 (1급 심판원 승급)

① 아래 각 항목을 모두 충족한 자에게 1급 심판 응시자격을 부여한다.
1. 2급 심판으로 2년 이상 활동한 자
2. 총 50회 이상의 공식경기에 주,부심으로 활동한 자
3. 협회가 지정하는 종합병원의 신체검사에 서 적격 판정을 받은 자
4. 협회가 실시하는 보수교육을 이수한 자
5. 해외여행에 결격사유가 없는 자

② 1급 심판 자격증은 위 ①항의 응시자격을 충족한 자중에서 1급 심판 승급심사를 통과한 자에게 부여한다.

③ 1급 심판 승급심사 기준은 별지 4와 같다.

제17조 (2급 이상의 특례 승급심사 대상)

2급 이상 심판 자격을 취득함에 있어 이전급 승급(자격취득)시 상위 5%이내의 인원은 승급에 필요한 해당 경기수(2급 승급시에는 40회, 1급 승급시에는 50회의 공식경기 주,부심으로 활동)를 충족할 경우 1년 경과 후라도 승급심사의 대상이 될 수 있다.

제18조 (국제심판원 자격부여 및 활동)

① 국제심판으로 추천받고자 하는 자는 다음 각호에 따른 항목을 모두 충족해야 한다.
1. 응시 자격
   가. 1급심판으로서 당해 연도 FIFA의 국제심판 선발 기준에 적합한 자
   나. 국제심판으로서 품행을 갖춘 자
   다. 해외여행에 결격사유가 없는 자
2. 평가 과목 : 실기, 영어 및 체력
3. 평가 합격 요건 : 실기평가 80% 이상, 영어 회화 및 필기 평가 각 40%이상, 국제심판 체력측정에 합격한 자.
② 위 ①항의 요건을 충족한 자에 대해 심판위원회의 심의를 거쳐 협회가 FIFA에 추천한다.
③ 위 ②항에 의해 추천된 자에 대해 FIFA가 당해연도 국제심판으로 승인할 경우 국제심판으로 활동할 수 있다.
④ 위 ③항에 의하여 국제심판으로 배정되었다 하더라도 결격사유가 있다고 인정될 경우 협회 심판위원회의 결의에 의해 국제 경기 배정을 취소할 수 있다.

제19조 (보수 교육)

심판원 자질 향상을 위하여 협회는 매년 1회 이상 보수교육을 실시하고, 연간 보수교육에 관한 사항은 본 위원회가 별도로 정하며, 보수교육시 체력측정(별지 2)을 병행할 수 있다.

제20조 (심판강사의 구분, 직무 및 임기)

① 심판원의 교육을 위하여 심판강사를 두며, 심판강사는 수석강사, 전국강사, 지역강사, 초빙강사로 구분하고 다음 각호의 직무를 수행한다.
1. 수석강사
   가. 심판강사의 교육 및 관리
   나. 심판교육과정의 연구 및 제안
2. 전국강사
   가. 협회가 주관하는 심판원 교육

나. 시·도협회 및 연맹이 주관하는 심판원 교육
3. 지역강사
  가. 소속 시·도협회가 주관하는 심판원 교육
  나. 협회가 주관하는 심판원 교육의 보조강사 역할
4. 초빙강사
  가. 협회 및 시·도협회가 주관하는 심판원 교육의 보조강사 역할
  나. 심판의 전문성, 인성 등에 필요한 교육
② 심판강사의 임기는 1년으로 한다.

제21조 (심판강사의 자격요건 및 승인)
심판강사의 자격 요건은 다음 각호와 같다.
1. 수석강사 : 아래 요건 중 하나 이상을 충족 하고, 본 위원회의 추천으로 협회가 승인한 자
  가. FIFA 또는 AFC 심판강사로 최근 1년이내 강사로서 활동경력이 인정된 자
  나. 전국강사로서 3년이상 활동한 자
2. 전국강사 : 아래 요건 중 하나 이상을 충족하고 본 위원회 추천으로 협회가 승인한 자.
  가. 1급 심판으로 10년 이상 활동하거나 국제심판으로 5년 이상 활동한 자
  나. FIFA 또는 AFC가 인정하는 심판강사과정을 수료한 자
  다. 지역강사 중 우수하다고 인정된 자
3. 지역강사 : 아래 요건 중 하나 이상을 충족하고 시·도협회의 추천과 본 위원회의 심의 후 협회가 승인한 자
  가. 1급 심판으로 6년 이상 활동한 자
  나. 국제심판으로 활동한 경력이 있는 자
  다. 협회가 주최하는 심판강사 코스를 수료한 자
4. 초빙강사 : 본 위원회가 추천하고 협회가 승인한 자로서, 연간 교육 계획에 의거, 위촉함을 원칙으로 한다.

제4장 심판원의 운영 등

제22조 (심판원의 등록)

① 자격증이 부여된 심판원이라 할지라도 활동을 위해서는 협회에 등록을 필하여야 한다.
② 등록을 하고자 하는 자는 매년 협회가 정기적으로 실시하는 체력측정(별지 2)에 합격해야 한다. 단, 심판 자격증 취득, 기타 연수 등의 과정에서 최근 6개월 이내 협회가 인정하는 체력측정에 합격한 자는 예외로 한다.
③ 등록양식, 절차 등 등록에 대한 세칙은 별도로 정한다.
④ 당해연도 해외 국가 협회의 체력측정을 통과한 자는 해당 국가 협회의 관련 서류를 제출할 경우 당해연도에 활동이 가능하다.
⑤ 해외에서 자격을 취득한 자는 해당 국가 협회의 관련 서류를 제출할 경우 협회 심판위원회의 심의를 거쳐 국내 심판자격이 부여되고, 체력측정을 거쳐 당해연도 등록을 할 수 있다.

제23조 (심판원의 배정)

① 심판원의 배정은 본 위원회 결정에 의한다.
② 최근 1년이상 심판 배정을 받지 못한 자는 보수교육과 체력측정 이수 후 배정받을 수 있다.
③ K1리그(프로리그)에 활동할 심판원은 1급 이상 자격증 소지자로서 본 위원회의 추천에 의하여 협회 이사회가 결정한다.

제24조 (심판원의 권한)

심판원은 경기 중 경기규칙의 해석 및 적용에 대한 최종적인 판정권을 갖는다.

제25조 (심판원의 의무)

심판원은 판정에 대한 신뢰와 공정성을 높이기 위하여 다음 각호의 의무를 진다.

1. 심판으로서의 권위와 품위 및 도덕성을 유지할 의무
2. 경기 중 긴급 상황 발생시 안전을 최우선으로 대처해야 할 의무
3. 경기 중 발생한 사고에 대해 경기 종료 후 별도의 사건 보고서

를 제출할 의무
4. 경기 전후 판정과 관련된 일체의 언론 인터뷰를 하지 않을 의무

제26조 (심판원의 활동정지)

활동정지라 함은 심판원의 주,부심등 활동의 일시적인 정지를 말하며 본 위원회의 건의에 의거, 이사회가 결정한다.

제27조 (심판원 등의 상벌)

본 위원회는 심판원, 심판강사, 기타 심판 관련 활동에 종사하는 자에 대해 다음 각호에 따라 상벌위원회에 포상 또는 징계를 건의하고, 심판 배정을 금지할 수 있다.

1. 포상 건의 대상 : 공로가 크고 타의 모범이 된 자
2. 징계 건의 대상
    가. 경기와 관련하여 금품 및 향응을 요구하거나 수수한 자
    나. 승부를 조작하였거나 조작을 교사한 자
3. 배정금지 대상 : 위 2호의 징계 대상에 해당하여 징계를 받은 자는 본 위원회가 영구히 배정금지하고, 아래 대상은 본 위원회가 일시 배정금지 등의 조치를 할 수 있다.
    가. 경기규칙에 현저히 위배되는 판정을 한 자
    나. 본 위원회의 심판배정을 특별한 사유없이 거부한 자
    다. 기타 타인의 비난을 받을 만한 불미스러운 행위를 한 자
4. 배정금지의 확대 여부 심의 : 시·도협회 또는 연맹이 특정 심판원에 대해 징계 또는 배정금지 조치를 취할 경우 즉시 협회에 보고하여야 하며, 본 위원회는 해당 심판원에 대해 배정금지 조치의 확대 여부를 결정할 수 있다.

제28조 (심판원의 자격소멸)

① 자격소멸이라 함은 징계 등에 의한 자격증의 박탈, 본인의 자격증 반납, 또는 개인적인 유고 등으로 심판의 자격이 영구 소멸되는 것을 말하며, 자격의 소멸은 협회가 결정한다.
② 심판자격증을 소지한 자로 5년이상 연속하여 심판 등록을 하지 않은 자는 심판 자격이 자동 소멸된다.

제29조 (심판감독관의 운용)

본 위원회는 다음 각 호에 따라 심판감독관을 운용한다.
1. 목적 : 심판원 활동에 대한 평가 및 관리
2. 자격 요건 : 심판으로 5년 이상 활동한 경력이 있는 자
3. 직무
   가. 경기와 관련된 심판원의 심판수행 능력 평가 및 평가 보고서 제출
   나. 심판 관련사고 발생시 사건에 대한 서면 보고서 제출
   다. 대회 기간 중 배정된 심판원에 대한 건전한 관리
4. 심판감독관의 평가 항목
   가. 심판판정의 정확성과 일관성
   나. 심판의 체력, 위치 및 움직임
   다. 기술 지역의 관리
   라. 선수 교체 절차
   마. 주심, 부심 및 대기심의 상호 협력
   바. 기타 판정 및 경기 운영의 공정성
5. 심판감독관 보고서는 경기 후, 즉시 제출함을 원칙으로 한다.

제30조 (심판원의 수당)

심판원의 수당은 본 위원회 건의에 의해 이사회가 결정한다.

제31조 (심판원의 보호)

심판원은 심판활동 수행 시 아래의 사항을 포함한 경기장 내,외에서 발생 가능한 사고로 부터 보호를 받는다.
1. 경기장 도착시간부터 출발시간까지 어떠한 신체적, 정신적 공격으로부터의 보호
2. 경기단체 또는, 대회 주최 기관이 제기한 징계 및 징계 해제 심사 소청의 대상이 되었을 경우, 정당한 절차에 따라 발언 및 항변할 권리

부칙
  1. 규정의 채택과 효력
    (1) 본 규정은 2004년 9월 17일 개최된 대한축구협회 이사회에서 채택되었다.
    (2) 본 규정은 이사회 의결을 거친 날로부터 효력이 발생한다.
  2. 규정에서 다루지 않은 사항
    본 규정에서 다루지 않은 사항이나 불가항력적인 사항의 경우는 협회 이사회에서 이를 정한다.

부 칙(2010. 3. 30.)
  제1조(승인)
    본 규정은 2010년 3월 30일 개최된 협회 이사회에서 승인되었다.
  제2조(시행)
    본 규정은 2010년 3월 30일부터 시행한다.
  제3조(조항의 해석)
    본 규정에서 다루지 않은 사항이나 해석상 불분명한 사항은 협회 이사회에서 결정한다.

부 칙(2011. 4. 1.)
  제1조(시행일)
    본 규정 중 개정된 사항은 이사회의 승인을 받은 날로부터 시행한다.

한국프로축구연맹 규정(제4장 심판)

제1조 전임심판제

연맹은 프로 축구 경기 운영을 위하여 심판 위원과 전임심판을 운영한다. 단, 전임심판은 프로 경기에 지장이 없는 범위에서 심판 위원장의 동의를 얻어 아마 경기 심판을 볼 수 있다.

① 심판 위원은 배정 담당 위원, 분석 담당 위원, 교육 담당 위원, 으로 구분, 운영하며 6명 이내의 위원으로 구성한다.

② 전임심판은 주심과 부심으로 구성한다.

제2조 계약기간

전임심판의 계약 기간은 K리그 시즌으로 한다.

제3조 임무

① 심판 위원의 임무
  1) 전임심판 선발 시 심사, 평가한다.
  2) 전임 주심과 부심의 활동을 감독, 평가, 보고, 교육한다.
  3) 심판에 관한 모든 업무에 대하여 철저한 보안과 기밀을 유지해야 한다.
  4) 심판 분과 위원은 전임심판 평가, 심사에 있어, 협회 등 어떠한 외부 단체로부터 독립하여 공정한 업무 수행을 한다.

② 심판의 임무
  1) 심판은 연맹의 규약과 심판 규정을 준수하고, 공정, 명확한 판정을 위하여 최선을 다하여야 한다.
  2) 위원장의 결정, 지시에 순응하고 공명정대한 처신으로 상호 신뢰를 구축하여야 한다.
  3) 출장 시 현지 숙박시설에 경기 전일 23:00까지 투숙해야 한다. 무박 일정 시에는 경기 수행 지역에 3시간 전에 도착하고, 경기 시간 75분전에 경기장에 출장해야 한다.
  4) 전임심판은 항상 연맹과 연락이 가능하도록 조치를 취해야 한다.

5) 경기 출장 시 주심은 출전선수명단을 확인하고 착오 발생시, 이를 즉시 시정하도록 조치해야 한다.
6) 심판은 경기운영 및 판정에 있어, 협회 등 외부 단체로부터 독립하여 양심에 따라 판정하여야 한다.

제4조 선임

심판 위원장은 심판 위원을 선임하여 심판 위원회를 구성하며, 심판 위원회에서는 전임심판을 아래의 자격 요건을 갖춘 자 중에서 협회 심판위원회를 통해 추천받아 매년 2월중 선발하여 이사회의 승인을 득하여 확정한다.

① 심판 위원의 자격
   1) 1급 이상 심판 자격 소지자로서 다년간 심판계에 몸담고, 신망과 덕망이 두터운 자
   2) 1급 이상 지도자 자격증 소지자로서 단체(팀) 감독, 코치 등으로 다년간 활동한 자
   3) 축구계의 원로로서 심판 위원장이 특별히 자격이 있다고 인정한 자

② 전임심판의 자격
   1) 협회의 경기 배정에 결격사유가 없는 자
   2) 전임으로 처음 선임될 경우, 한국나이 41세 이하인 자
   3) 전임으로 선임되었던 경력이 있는 자로서 수행평가 하위로 전임에서 탈락되었던 경력이 2회 미만인 자
   4) 전임에서 탈락된 이후, 공백이 2년 이하인자
   5) 기존 심판으로서 한국 나이 50세 이하인 자
   6) 전임으로 처음 선임될 경우, 연맹이 정한 신체 검사에 결격사유가 없는 자.
   7) 주심
      1. 당해연도 국제심판(주심) 또는
      2. 국제심판 경력자 또는
      3. KFA 1급 이상 자격증 소지자로서 실업 이상의 경기 및 국

　　　　제 경기 10회 이상 주심 경력자로서 성적 상위자
　　8) 부심
　　　　1. 해당연도 국제심판(부심) 또는
　　　　2. 국제심판 경력자 또는
　　　　3. KFA 1급 이상 자격증 소지자로서 실업 이상의 경기 및 국
　　　　　 제 경기 10회 이상 부심 경력자로서 성적 상위자
　③ 외국 심판
　　1) 외국 국적의 심판은 상기 자격 여건 이상의 자격자로서 위원
　　　　회에서 선발한 자
　　2) 연맹의 요청에 의해 외국 협회, 연맹의 추천을 받은 자

제5조 심판배정

① 심판 배정은 심판위원회에서 전임 주심 대상 2명, 전임 부심 대상 2명을 1조(4명)로 하며, 매 경기마다 심판을 교체 배정하는 것을 원칙으로 한다. (단, 배정된 심판이 문제가 생겼을 경우, 경기감독관이 심판 위원장 및 위원과 논의 후, 1급 심판으로 교체할 수 있다.)
② 결원이 생겼을 경우, 미배정된 심판원 중에서 배정한다.
③ 심판의 배정은 특별한 사유가 없는 한 경기 개최 4일 전에 해야 한다.
④ ①항과는 별도로 심판위원회의 결정에 따라 6심제를 운영할 수 있다.

제6조 심판판정평가

① 경기감독관이 연맹에 제출한 경기감독관 보고서와 분석 담당 위원이 제출한 분석 보고서, 심판 위원장의 평가서의 주심, 부심 평가표를 연맹은 종합, 분석하여 각 심판의 연간 판정, 평가표를 작성, 그 기록을 유지하고 전임심판 정기 교체 시 활용한다.
② 연간 판정, 평가표는 별도 시행 세칙을 정한다.

제7조 전임심판교체

① 정기 교체 : 계약 기간 만료 후 전년도 전임심판 판정, 평가에서 평가 기준에 미달하는 자 또는 성적 하위자 약간명은 매년 정기 심판 선임 시 교체한다.

② 수시 교체 : 계약기간 내에 자격상실 또는 계약 해지 사유가 발생하였을 경우, 수시로 교체할 수 있으며, 이 때 임기는 전임자의 잔여기간으로 한다.

제8조

배정정지 심판 위원회는 아래와 같은 사항에 대하여 전임심판원의 배정 정지를 결정할 수 있다.

① 전임심판 배정정지에 관해서는 별도 시행 세칙을 정한다.

제9조

계약해지 전임심판이 다음의 경우를 위반하였을 때는 본 계약은 해지되고, 그 효력을 상실한다. 이 경우 해지된 익월부터 보수는 지급되지 않으며, 해지된 사실을 해당 심판에게 통보해야 한다.

① 전임심판 계약해지에 관해서는 별도 시행 세칙을 정한다.

제10조

자격상실 전임심판(주심, 부심)으로 선임되었으나, 계약 체결(계약서 작성) 후 제 52조 (계약 해지)의 사유가 발생하여 계약이 해지된 경우에는 1년~3년간 전임심판이 될 수 없다.

① 제 52조 1항~4항 위반 : 자격 상실 1년
② 제 52조 5항 위반 : 자격 상실 3년
③ 기타 전임심판 자격상실에 관해서는 별도 시행 세칙을 정한다.

제11조

강등 및 미재계약 전임심판은 당해의 수행 능력에 따라 2부 리그 강등되거나 연맹은 해당심판과 차년도 계약 연장을 하지 않을 수 있다.
① 기타 전임심판 강등 및 미재계약에 관해서는 별도 시행 세칙을 정한다.

제12조

면제 전임심판은 다음의 경우, 모든 책임을 면제한다.
① 신체적 부상으로 심판 행위를 할 수 없을 때
② 직계비속의 경조사로 당일 심판 행위를 할 수 없을 때
(배정 통보를 받은 심판은 경기 개최 1일 전까지 위원장에게 청첩, 부고 등 증빙서류를 확인받아야 한다.)
③ 천재지변 등 불가항력 발생시
④ 심판 위원장이 특별히 인정하였을 때

제13조 신분증 및 복장

① 전임심판은 연맹에서 발행한 신분증을 경기 당일 분별이 용이하도록 앞가슴에 패용하여야 한다.
② 전임심판은 연맹에서 지정한 복장과 장비를 필히 지참하여 사용하여야 한다.

제14조

보수 전임심판은 다음과 같은 보수 및 출장비로 구분 지급하며, 보수의 기준은 이사회에서 정한다.
① 체력단련비 : 매월 25일 지급
② 경기수당 : 전월 21일부터 당월 20일까지 발생하는 수당을 매월 10일, 25일에 지급
③ 필요경비(출장비) : 전월 21일부터 당월 20일까지 발생하는 비용을 매월 10일, 25일에 지급

제15조 교육, 훈련, 테스트
① 교육 (비시즌에 교육 실시)
   1) 기간 : 7일간
   2) 장소 : 서울 및 기타 지역
   3) 방법 : 집합 교육
   4) 내용
      1. 해당 연도 심판 운영 방안
      2. 판정 가이드라인
      3. 규칙
      4. 규약 적용의 통일성
      5. 심판원으로서의 기본 지침
      6. 부정 방지 교육 등
      7. 교양 및 정신 강좌
② 훈련 (비시즌에 실시)
   1) 기간 : 7~14일간
   2) 장소 : 국내외
   3) 방법 : 전지훈련
   4) 내용 : 실전경기투입 및 맞춤식 분석 교육 등
③ 테스트 (체력측정)
   1) 기간 : 시즌 중 2회
   2) 장소 : 국내
   3) 방법 : FIFA 체력측정 방식
   4) 내용 : 40m 스프린트 테스트 및 4,000m 인터벌 테스트 등
④ 수시 교육 (시즌 중 수시로 실시)
   1) 기간 : 1~3일간
   2) 장소 : 서울 및 기타 지역
   3) 방법 : 집합 교육
   4) 내용
      1. 판정 문제점 분석 및 평가
      2. 이론 및 실기 교육

3. 심판 요령 지침 등
⑤ 시즌 시작 전, 부정방지 교육을 필한 심판만 경기에 배정한다.

제16조
보험 전임심판의 경기 중 및 경기 전후(경기를 위한 이동포함)에 있을 상해 사고에 대비하여 연맹 비용 부담의 상해 보험에 가입해야 한다.

제17조 우수심판선정
① 해당연도 중 3회 우수 심판(주·부심 각 약간명)을 선정하여 포상한다.
② 해당연도 12월중 최우수 심판(주·부심)을 각1명 선정하여 본 연맹 상벌 규정에 따라 연말 시상식에서 시상한다.
③ 위 포상 및 시상에 대하여 별도의 시행 세칙을 정한다.

제18조
전임심판 행동윤리강령 전임심판은 연맹의 규약과 심판 규정을 준수하고 공정, 명확한 판정을 위하여 별도의 전임심판 행동윤리강령 및 시행세칙을 준수한다.

제19조
세칙의 제정 본 규정의 시행에 필요한 세부적 사항은 심판 위원회에서 세칙으로 제정하여 이사회의 승인을 득한 후 시행할 수 있다.

제20조
준용 규정 본 규정에서 정하지 않은 것은 심판 규약 및 규정 또는 세칙을 준용한다.

부칙

제1조 시행일

본 규정은 이사회에서 의결한 날로부터 시행한다. 단, 연맹이 별도로 정하는 세칙 또는 기준 등에서 그 시행기준을 달리 정하는 경우 그에 따른다.

참고 자료

∴ 책

강병호(2006), 「휘슬하나로 그라운드를 평정한다」, 도서출판 지평, 2006.1.

김현회(2012), 「대한민국은 K리그다」, 이른아침, 2012.9.

닉 혼비(2005), 「피버 피치」, 이나경 옮김, (주)문학사상, 2011.5.

대한축구협회(2005), 「한국 축구의 영웅들」, 랜덤하우스중앙, 2005.6.

데이빗 골드블랫·죠니 액튼(2010), 「헬로, 풋볼」, 김민섭·강세황 옮김, (주)도서출판 북스힐, 2010.6.

매일경제 월드컵팀(2002), 「사커 비즈니스: 축구보다 재미있는 월드컵 경영이야기」, 매일경제신문사, 2002.9.

박경호·김덕기(2000), 「한국축구 100년 秘史·1」, 책읽는사람들, 2000.7.

박경호(2011), 「공도 인생도 둥글더라」, 미래를소유한사람들, 2011.9.

빌 머레이(2008), 「축구의 역사」, 이정환 옮김, (주)일신사, 2008.4.

서기원, 「어떤인생: 한국 축구계의 전설, 김용식 선생 평전」, 명상, 2000.12.

알프레드 바알(2009), 「축구의 역사」, 지현 옮김, ㈜시공사, 2009.7.

이재형(2012), 「22억원짜리 축구공」, 미래를소유한사람들, 2012.5.

임은주(2012), 「레드카드 주는 여자」, 21세기북스, 2012.9.

존 듀어든(2010), 「존 듀어든의 거침없는 한국 축구」, 조건호 옮김, 산책, 2010.1.

한국외국어대학교 출판부(2002), 「축구용어사전」, 한국외국어대학교 출판부, 2002.4.

한국프로축구연맹(2011), 「2011 K리그 오피셜 가이드」, 한울, 2011.4.

한국프로축구연맹(2013), 「2013 뷰티풀 K리그」, 풋볼리스트, 2013.3.

홍은아(2010), 「겁없이 꿈꾸고 거침없이 도전하라」, 라이프맵, 2010.6.

Keir Radnedge(2011), 「FIFA World Football Records 2012」, Carlton Publishing Group, 2011.9.
Richard Miller·Kelli Washington(2012), 「Sports Marketing 2013」, RichardKMiller&Associates, 2012.9.

∗ 잡지

강치돈(2009), "강치돈 심판위원, 푸트로3 심판강사교육을 마치고", KFA Report, 2009.10(30), 25.
고유라(2012), "최고의 포청천을 향해, 야구심판학교를 가다", BASEBALL CLASSIC, 2012.2(32), 44-45.
권종철(2012), "FIFA의 스마트볼 도입", KFA Report, 2012.10(66), 24-25.
권종철(2012), "권종철 심판위원장, 심판의 자질 향상 위해 노력한다", KFA Report, 2012.4(60), 24.
권종철(2010), "선수 생명 구한 심판의 응급처치", KFA Report, 2010.12(44), 25.
권종철(2010), "6심제의 확대", KFA Report, 2010.10(42), 26.
권종철(2010), "심판 업다운제", KFA Report, 2010.5(37), 25.
권종철(2010), "성공적이었던 6심제 도입", KFA Report, 2010.1(33), 27.
권종철(2009), "심판 판정을 존중하자", KFA Report, 2009.8(28), 25.
김수정, 유정수(2012), "숨은 직업 찾기 2탄, 스포츠의 세계: 김경민 축구심판", CeCi, 2012.6(214), 409.
김인수(2001), "김인수 위원과 함께 알아보는 축구지식", 사커뱅크i, 2001.10(25), 140-142.
김진령(2010), "'양심 잘 지켜야 좋은 심판' - 나와 월드컵② 한국인으로 유일하게 남아공월드컵에 배정된 정해상 국제심판", 시사저널, 2010.6(1076).
김태우(2009), "과연 외국인 심판은 완벽할까?", 스포츠온, 2009.1(56), 74-75.

김현회(2007), "K리그 논란의 판정 TOP 10", 풋볼위클리, 2007.10.15.~11.5(38), 70-71.

김형자(2011), "심판들까지 부부 생활 금하는 이유", 시사저널, 2011.1(1109).

김혜선(2009), "농구 코트의 여자 포청천, 홍선희 심판", 스포츠온, 2009.2(57), 148-149.

남세현(2013), "심판에게 조금만 관대해지자", 베스트일레븐, 2013.6(247), 152.

남장현(2003), "남장현의 그라운드 포커스: 아니, 유럽도 심판을 수입해?", 사커뱅크i, 2003.3(42), 72-73.

닉 무어(2012), "심판들의 지옥", 포포투, 2012.3(58), 94-95.

랍 쳄프(2013), "10 THINGS - 흔들리는 심판", 포포투, 2013.8(75), 116.

리차드 에드워즈(2011), "Job Centre: 축구종가의 여자 부심", 포포투, 2011.7(50), 38.

박공원(2013), "K리그 포청천 '심판', 그들을 믿자", 베스트일레븐, 2013.3(244), 147.

박형숙(2002), "문화인물탐방: 임은주 심판 '남자월드컵 너희를 심판하겠다'", 월간말, 2002.2(188), 131-135.

박해용(2012), "박해용의 심판 세상: 생활체육과 대한축구협회의 축구 심판은 하나로 가야 한다", 베스트일레븐, 2012.8(237), 146.

박해용(2012), "박해용의 심판 세상: 2012년 시즌을 앞두고 다음을 준비하자!", 베스트일레븐, 2012.2(231), 113.

박해용(2011), "박해용의 심판 세상: 선수들이여, 페어플레이 정신을 기억하자!", 베스트일레븐, 2011.12(229), 137.

박해용(2011), "박해용의 심판 세상: 선수·지도자·심판·관중 공생의식, 축구 발전 묘약", 베스트일레븐, 2011.10(227), 100.

손춘근(2013), "신속한 응급처치로 선수 생명 구한 조성철 경기감독관", KFA Report, 2013.4(72), 34-35.

손춘근(2013), "최근 발생하는 심판 폭행 사건에 대해", KFA Report, 2013.2(70), 25.

손춘근(2012), "이운택 프로축구연맹 신임 심판위원장: 변화하는 1세대 심판 지켜보라", KFA Report, 2012.3(59), 25.

손춘근(2012), "울산축구협회 이병훈 심판 가족", KFA Report, 2012.2(58), 32-33.

손춘근(2010), "정해상 부심 월드컵 참가기: 마이콘과 우정을 나눈 사연", KFA Report, 2010.8(40), 26.

손춘근(2010), "남아공월드컵 참가 정해상 부심", KFA Report, 2010.3(35), 26.

송지훈(2007), "FOOTBALL CAREER: Referee - 김미옥 국제심판", 베스트일레븐, 2007.2(171), 54.

스티브 모건, 존 스필링, 지 호킨스, 그렉 데이비스(2011), "우리를 미치게 한 심판판정 30선", 포포투, 2011.5(48), 138-143.

스티브 앵글시(2012), "이것이 다이빙이다", 포포투, 2012.8(63), 92-95.

윤진만(2009), "이혁재 심판: 선진 축구문화의 소중한 경험, 한국 축구 발전을 위해 살려나가겠다", KFA Report, 2009.10(30), 28-29.

신무광(2013), "J LETTERS: J리그의 심판 판정 제도", 포포투, 2013.9(76), 100.

이상학(2012), "그라운드의 포청천, KBO 심판위원들", THE BASEBALL, 2012.9(39), 52-53.

이상헌(2011), "소 키우는 심판, 천현기", KFA Report, 2011.10(54), 34-35.

이상헌(2011), "유명복 심판, 재빠른 대처로 한 선수의 생명을 구하다", KFA Report, 2011.8(52), 34-35.

이상헌(2010), "신현순 심판: 축구하는 아들 때문에 심판하게 됐어요", KFA Report, 2010.6(38), 26.

이상헌(2010), "합참본부의 3급 심판교육 현장", KFA Report, 2010.3(35), 26.

이상헌(2009), "심판국 장연환 부장: 올 한해 1천명 신임 심판 배출이 목표", KFA Report, 2009.4(24), 25.

이수민(2010), "잉글랜드 심판 연수: 축구 종가의 심판 교육 경험", KFA Report, 2010.5(37), 26-27.

이유국(2008), "심판을 바라보는 시각과 심판이 바라보는 시각이 모두 바뀌어야", 프리킥, 2008.6(9), 40-41.

이유국(2008), "검정 옷의 재판관 'Referee'", 프리킥, 2008.4(7), 68-71.

임성일(2006), "2006 K-리그를 말한다: 권종철 '심판수준은 곧 전체의 축구수준입니다'", 베스트일레븐, 2006.12(169), 64-65.

장원재(2010), "[월드컵 오심 역사] 오심도 축구의 일부다? 그 거짓말은 참말!", 신동아, 2010.8(611), 194-200.

점프볼(2011), "농구계의 우먼파워 4인방: 홍선희 한국여자농구연맹 심판", 점프볼, 2011.11(143), 86.

정수창(2010), "2010 K-리그, 무엇이 달라지나?", 포포투, 2010.3(34), 123.

정윤수(2002), "심판의 세계", 매경이코노미, 2002.7(1162).

정지훈(2012), "라커룸에서 전원 퇴장 선언을 한다면?", F&, 2012.12(5), 19.

정지훈(2012), "레드 카드 주는 여자, 임은주", F&, 2012.12(5), 32-33.

조정길(2009), "심판 논쟁, 해결책은 무엇인가", 베스트일레븐, 2009.11(204), 168-169.

주진우(2006), "증오와 고독 먹고 뛰는 '절대자'", 시사저널, 2006.6.30.(872).

차병기(2012), "핸드볼 아카데미 첫해 사업 중간 점검: 영재 발굴+심판 스쿨+코칭 스쿨", 핸드볼코리아, 2012.12(9), 43-44.

포포투(2013), "THE SECRET INTERVIEWS: THE REFEREE", 포포투, 2013.2(69), 82.

KFA(2009), "잉글랜드 및 유럽 주요 국가의 심판 운영체계 조사", KFA Report, 2009.11(31), 28-29.

KFA(2009), "골 세러머니 논란에 대해", KFA Report, 2009.5(25), 25.

기사

동아일보, "심판 급별제도 실시 축협, 1차로 32명에", 동아일보, 1974.12.24.

김덕준, "그때 그일들 〈278〉 김덕준 한일축구 시연과 보람의 순간 4", 동아일보, 1976.11.30.

김종식, "얘기로 풀어본 한국스포츠 80년 (14) 여명기 [14] 멋쟁이 축구심판 서병희", 경향신문, 1978.1.30.

연합뉴스, "축구국제심판 연령 45세 하향조정", 연합뉴스, 1991.4.2.

연합뉴스, "경기도중 심판불만, 심판원 때려", 연합뉴스, 1991.6.30.

연합뉴스, "프로축구 전임심판제 도입", 연합뉴스, 1994.1.7.

연합뉴스, "〈프로축구 소식〉 26일 개막전서 새심판복 첫선", 연합뉴스, 1994.3.25.

연합뉴스, "〈럭비풋볼화제〉 한국 심판, 첫 월드컵 진출", 연합뉴스, 1995.4.27.

연합뉴스, "프로축구聯,96년부터 전담심판 연봉제", 연합뉴스, 1995.6.23.

연합뉴스, "〈해외축구〉 J리그 심판들, 이상한 외국어공부, 연합뉴스, 1995.12.26.

연합뉴스, "〈축구단신〉 길기철씨, FIFA특별상", 연합뉴스, 1996.4.1.

연합뉴스, "〈올림픽낙수〉 올림픽축구 첫 여자 심판 탄생", 연합뉴스, 1996.7.19.

허형석, "〈토픽〉 홍일점 축구 심판 성차별 항의 사임", 연합뉴스, 1996.9.26.

연합뉴스, "〈프로축구 화제〉 이방인 심판, 그라운드에 새바람", 연합뉴스, 1997.4.27.

연합뉴스, "〈월드컵축구〉 FIFA, 심판의 절대 권위 인정키로", 연합뉴스, 1997.11.14.

연합뉴스, "〈월드컵축구〉 아시아축구 심판수준 향상 입증", 연합뉴스, 1997.11.18.

연합뉴스, "〈축구〉 전영현 심판, 프랑스월드컵 참가", 연합뉴스, 1998.2.3.

연합뉴스, "〈월드컵소식〉 FIFA, '첨단 기술이 심판 역할할 것'", 연합뉴스, 1998.6.17.

연합뉴스, "〈해외과학〉 축구 심판, 열심히 뛰는 것이 오심의 원인", 연합뉴스, 1998.7.7.

문관현, "프로축구 심판들, '포청천 거듭나기' 선언", 연합뉴스, 1998.9.21.

문관현, "〈축구〉 김영주 심판, AFC 선정 '베스트 5'", 연합뉴스, 1998.12.24.

문관현, "〈생활체육〉 여성1호 생활체육 축구 심판 탄생", 연합뉴스, 1999.1.19.

연합뉴스, "여자 심판 임은주씨, 프로축구리그 데뷔", 연합뉴스, 1999.2.20.

문관현, "〈프로축구〉 프로연맹, 이색적인 전임심판 교육", 연합뉴스, 1999.2.23.

박성제, "여자 심판 임은주씨, 프로축구 주심승격", 연합뉴스, 1999.3.9.

박성제, "국제축구연맹, 2인심판제 가이드라인 발표", 연합뉴스, 1999.5.18.

박성제, "프로축구 SK, '외국심판 영입하자'", 연합뉴스, 1999.8.12.

박성제, "프로축구연맹, 포스트시즌 외국심판 투입", 연합뉴스, 1999.9.17.

장영은, "〈화제〉 현대차 생산직 사원 국제축구 심판 활약", 연합뉴스, 1999.10.11.

연합뉴스, "〈프로축구소식〉 프로축구연맹, 외국심판 4명 확정", 연합뉴스, 1999.10.13.

김용윤, "프로축구 챔피언전에도 중국심판 투입", 연합뉴스, 1999.10.25.

김용윤, "〈프로축구〉 샤샤의 골, 한국판 '신의 손'", 연합뉴스, 1999.10.31.

김재현, "프로축구 '99시즌 '빛바랜' 성공작", 연합뉴스, 1999.11.1.

박성제, "프로축구연맹, 내년 중 첫 심판전지훈련", 연합뉴스, 1999.11.12.

국민일보, "[축구] 선수폭행 심판, 영구 출전정지", 국민일보, 2000.6.1.

유승근, "[I Love Soccer] 심판이 살아야 축구도 산다", 한국일보, 2000.7.20.

김덕기, "국내 첫 박사 축구 심판 나왔다", 국민일보, 2000.7.21.

국민일보, "[인터넷속으로] 축구 심판 폭행땐 12경기 출전금지, 국민일보, 2000.7.28.

김병호, "프로축구 심판, 해고통지에 법적 대응", 매일경제, 2000.11.21.
이해준, "[2001 프로축구 테마별 전망] 〈6〉심판문제", 한국일보, 2001.3.15.
랍 휴스, "[2002 월드컵/랍 휴스 칼럼] 심판의 힘", 동아일보, 2001.3.28.
김준동, "한국최초 여자 심판 임은주씨 AFC 선정 '2000최우수심판상'", 국민일보, 2001.5.11.
박태훈, "[컨페드컵] 심판들 '그들만의 테스트'", 한국일보, 2001.5.23.
정수익, "[월드컵 백배즐기기] 심판", 국민일보, 2001.6.21.
한국일보, "[프로축구] 수당 인상 등 요구 전임심판 '집단사표 불사'", 한국일보, 2001.7.3.
한국일보, "[축구] 프로축구 심판들 노조 설립 신청", 한국일보, 2001.7.6.
이해준, "[프로축구] 심판-연맹 '노조갈등' 파국가나", 한국일보, 2001.7.8.
김준동, "프로축구 심판노조 정식출범", 국민일보, 2001.7.11.
최규일, "[프로축구] 심판비하 포스터 '법정간다'", 한국일보, 2001.7.17.
이정은, "[축구] '판정실수 이유 해고는 부당' 프로축구 심판 연맹에 승소", 동아일보, 2001.9.29.
박용철, "[축구] 심판 바로서야 축구가 선다", 한국일보, 2001.10.3.
남태현, "[프로축구] '판정시비' 축구 심판-서포터스 충돌", 2001.10.14.
박준철, "[스포츠토토] 도입이후 축구팬들 '변화의 물결'", 한국일보, 2001.10.15.
김준동, "월드컵 첫 주심 김영주씨...한국위상 드높인 '엘리트 주심'", 국민일보, 2002.1.8.
김문성, "월드컵대회때 외국인 심판 소득 등 비과세", 연합뉴스, 2002.1.10.
김상훈, "축구협, 유소년리그 대비 심판 대폭증원 추진", 연합뉴스, 2002.4.4.
임은주, "[상중하 릴레이시리즈] 임은주와 풀어보는 심판의 세계 〈중〉", 동아일보, 2002.4.16.
임은주, "[상중하 릴레이시리즈] 임은주와 풀어보는 심판의 세계 〈하〉", 동아일보, 2002.4.18.
김재현, "〈월드컵〉에릭손, '심판 파악이 우선'", 연합뉴스, 2002.5.2.

조준형, "〈대표팀훈련〉 김영주 주심 선수들에 강의", 연합뉴스, 2002.5.10.
옥철, "〈월드컵초점〉 그라운드 판관들 준비 완료", 연합뉴스, 2002.5.17.
최태용, "〈월드컵 클로즈업〉 ⑦ 심판들의 준비물", 연합뉴스, 2002.5.17.
박준모, "심판은 완벽을 향한 '필요惡'", 매일경제, 2002.5.29.
이승선, "심판은 신이 아닌 인간일 뿐 - 〈오심의 역사〉IT기술 이용 현장에서 오심 수정해야", 프레시안, 2002.6.4.
매일경제, "명판관 중에는 최고경영자가 많다", 매일경제, 2002.6.20.
강일중, "NYT, 축구 심판은 가장 외로운 사람", 연합뉴스, 2002.6.22.
연합뉴스, "〈월드컵〉 스페인 축구협회장, FIFA 심판위원 사퇴", 연합뉴스, 2002.6.23.
김영석, "北 '심판판정 옳았다'...남한 편들기", 국민일보, 2002.6.24.
동아일보, "[월드컵 브리핑] FIFA 심판위원장, '심판판정 만족할 수준'", 동아일보, 2002.6.25.
옥철, "-월드컵- UEFA, '주심 2명 도입' 실험", 연합뉴스, 2002.6.26.
최태용, "〈프로축구〉 축구열기속 심판 장비도 업그레이드", 연합뉴스, 2002.7.23.
김준동, "[프로축구] 판정시비 '정도' 넘었다", 국민일보, 2002.8.26.
이준택, "[위기의 K-리그] 〈하〉 외국의 심판제도", 한국일보, 2002.8.28.
박성제, "프로축구연맹, 외국인심판 조기 영입키로(종합)", 연합뉴스, 2002.9.3.
김상훈, "〈프로축구〉 독일 심판 한국무대 데뷔", 연합뉴스, 2002.10.23.
양종구, "[라커룸] 심판에 항의 하지마", 동아일보, 2002.10.24.
권순일, "[축구] 축구 심판 3명 같은 나라 사람으로", 동아일보, 2002.10.29.
양종구, "[해외축구] 축구 149대0...마다가스카르 프로팀 판정불만 자책골 파", 동아일보, 2002.11.3.
연합뉴스, "월드컵 때 헤딩골 오심한 심판 은퇴", 연합뉴스, 2002.11.5.
한국일보, "[스포츠 만화경] '심판에 키스' 음란행위 처벌", 한국일보, 2002.11.15.
심재훈, "한국축구 여성 국제심판 4명 추가", 연합뉴스, 2003.1.7.

연합뉴스, "월드컵 모레노 주심 무혐의 처분", 연합뉴스, 2003.1.18.
경향신문, "中법원, 부패 축구 심판 10년형 선고", 경향신문, 2003.1.30.
심재훈, "국내 최초 부부 축구 심판 탄생", 연합뉴스, 2003.3.5.
장유택, "축구 심판 무전기로 의사소통..IFAB, 컨페드컵서 첫 도입", 2003.3.17.
매일경제, "'월드컵 오심 시비' 모레노 심판 사퇴", 매일경제, 2003.6.8.
장재은, "〈프로축구 코치 부인, 국제심판 자격 획득〉", 연합뉴스, 2003.9.19.
권오상, "미 마이너리그 여성 심판 국선경씨", 한겨레, 2003.11.19.
송치만, "판정, 인간의 한계", 한겨레, 2003.12.26.
오승주, "'외계인심판' 명예박사 된다", 경향신문, 2003.12.29.
박진용, "콜리나 심판 '아듀~그라운드'", 한국일보, 2004.1.20.
김준동, "국내 최연소 축구 심판 탄생 15세 김진호군 자격증 따내", 국민일보, 2004.3.11.
장재은, "〈올림픽축구〉 전영현씨, 심판 양성 역설", 연합뉴스, 2004.3.24.
옥철, "'FIFA 100주년 인물' 김용식 선생 추천", 연합뉴스, 2004.3.29.
유형렬, "'심판의 권위' 흠집낸 심판", 경향신문, 2004.3.30.
김상호, "손종덕 심판 심판노조 설립", 스포츠서울, 2004.4.18.
김한석, "프로축구 심판 고유배번제 도입해 책임감 고취", 스포츠서울, 2004.5.5.
박준석, "콜리나, 유로2004 결승전 주심땐 달성", 서울신문, 2004.6.12.
전종휘, "유로 2004 '훌륭한 심판'", 한겨레, 2004.6.19.
곽승훈, "[유로2004] 마이어 주심 '살해 위협'", 스포츠조선, 2004.7.1.
옥철, "〈프로축구 소식〉 인천, 판정불복 심판 제소", 연합뉴스, 2004.7.12.
송광호, "명지대, 심판 판정불만 소청서 제출", 연합뉴스, 2004.7.13.
이서규, "무서운 주심 '판정 항의하자 총으로 살해'", 노컷뉴스, 2004.7.26.
김준동, "[챔피언스리그] 축구팬 '심판 테러' 사상 첫 경기 중단, 국민일보, 2004.9.16.
김재후, "최연소 축구국제심판 탄생 25살 이민후씨 자격증 획득", 파이낸셜뉴스, 2004.9.17.

최원창, "〈K리그〉 '포청천' 원창호 부심 = '내 눈은 정확하다'", 조이뉴스24, 2004.10.6.

권종철, "[권종철의 최고의 포청천을 꿈꾸며] 경기는 결코 중단돼서는 안 됩니다", 조이뉴스24, 2004.11.8.

이영호, "축구협회, 신인심판 강습회 '인기몰이'", 연합뉴스, 2004.11.10.

이영호, "〈프로축구소식〉 플레이오프전, 독일 심판 투입", 연합뉴스, 2004.12.3.

김윤림, "축구 심판 자격증 '인기 짱'", 문화일보, 2004.12.9.

금동근, "[축구] 오프사이드 판정 '심판 대신 기계로'", 동아일보, 2004.12.9.

김덕중, "'외계인 심판' 콜리나, 최고심판 양보", 마이데일리, 2005.1.14.

강건택, "독일 축구 심판, 승부조작 인정", 연합뉴스, 2005.1.28.

박종호, "경찰이기에 더 공정하게 운영", 부산일보, 2005.1.31.

강건택, "잉글랜드 축구 심판, 본인에게 레드카드", 연합뉴스, 2005.2.1.

전종휘, "블라터 피파회장 '비디오 판정 도입 반대' 쐐기", 한겨레, 2005.2.13.

송광호, "블래터, '심판 연봉 10만 유로는 돼야", 연합뉴스, 2005.2.25.

김덕중, "심판 파업에 유럽축구 몰사 위기", 마이데일리, 2005.3.16.

김석, "한국축구 명예전당 '7인의 족적'", 경향신문, 2005.3.17.

권종철, "[권종철의 최고의 포청천을 꿈꾸며] 국적은 있으나 조국은 없는 심판의 고충", 조이뉴스24, 2005.3.30.

이혜윤, "최연소 축구 국제심판 홍은아, '모자이크 같은 심판 될래요'", 노컷뉴스, 2005.4.19.

최원창, "프로연맹, 심판이 보지 못한 반칙도 사후 징계", 조이뉴스24, 2005.5.11.

김덕중, "K리그 심판 포상제, 권종철-안상기 주·부심 선정", 마이데일리, 2005.5.18.

이광빈, "축구 심판, 홈팀에 유리한 판정...독일 연구", 연합뉴스, 2005.5.19.

정순식, "독일 심판 K-리그에서 뛴다", 헤럴드경제, 2005.6.24.

최원창, "한국프로축구연맹, 심판관리프로그램 실시", 조이뉴스24,

2005.6.29.

권종철, "[권종철의 최고의 포청천을 꿈꾸며] FIFA의 엄격해진 심판 체력 테스트", 조이뉴스24, 2005.7.7.

박명준, "'외계인 심판' 콜리나, 결국 세리에A에서 퇴출", 조이뉴스24, 2005.8.16.

김석, "[인사이드 스포츠] 프로축구 심판 '관중 폭행사건'", 경향신문, 2005.8.28.

이원홍, "월드컵예선 우즈베크-바레인戰 日심판 오심으로 재경기 해프닝", 동아일보, 2005.9.7.

김종력, "K리그, 심판 교육 위해 FIFA 심판강사 도입", 조이뉴스24, 2005.9.28.

송광호, "축구연구소, 축협 심판교육비 예산의 1.2%", 연합뉴스, 2005.10.18.

문승진, "국내 최초 女국제심판 임은주씨 은퇴", 스포츠경향, 2005.11.3.

이주환, "축구 심판 이렇게 하면 돼요", 부산일보, 2006.1.17.

서형욱, "[싱킹박스] 서형욱 칼럼, 레드 카드는 언제부터?", 스포츠서울, 2006.1.31.

정승훈, "한 부대 축구동아리 장병 10명 심판자격", 국민일보, 2006.2.9.

하수정, "공정위, 홍보대사에 축구 국제심판 홍은아씨 위촉", 이데일리, 2006.2.14.

정재윤, "[월드컵 스펀지] ②축구 심판과 휘슬", 동아일보, 2006.3.2.

정재윤, "[월드컵 스펀지] ③심판의 카드", 동아일보, 2006.3.3.

박재호, "獨월드컵 심판 주시 8대 반칙…이것만은 꼭 피하라, 스포츠조선, 2006.3.5.

정재윤, "[월드컵 스펀지] 심판 검은 옷은 ??에서 유래", 동아일보, 2006.3.8.

배진남, "〈월드컵축구〉 FIFA, 심판 의사소통시스템 도입", 연합뉴스, 2006.3.22.

스포츠서울, "[인물포커스] 권종철 국제심판, '심판은 고독한 직업'", 스포츠서울, 2006.4.12.

옥철, "〈월드컵축구〉 심판 수당 100% 올라 3천800원", 연합뉴스, 2006.4.19.

류재규, "김대영 2006월드컵 부심 영예, 한국 4회 연속 WC 심판 배출", 스포츠서울, 2006.5.10.

국영호, "'바르사 유니폼 입은' 챔스리그 결승 부심 교체", OSEN, 2006.5.17.

박현진, "다친 주심 때문에 부심들도 고향 앞으로", 스포츠서울, 2006.5.31.

서준녕, "심판 헤드셋 착용한 까닭은…", 부산일보, 2006.6.12.

김성욱, "2006 독일월드컵 해설자로 변신한 국내 첫 여성 국제심판 임은주", 레이디경향, 2006.6.14.

MBN, "축구지도자 23% '심판에 로비 경험'", MBN, 2006.6.15.

조효성, "[2006 월드컵] '투잡스' 심판들 이런 직업도…", 매일경제, 2006.6.18.

박상현, "'한 선수에 옐로카드 3장' 폴 주심, 퇴출될 듯", OSEN, 2006.6.24.

이석무, "FIFA, 한-스위스전 비디오 분석 '심판판정 옳았다'", 마이데일리, 2006.6.27.

이종락, "[World cup] '오심 뒤엔 블라터가 있었다'", 서울신문, 2006.6.30.

이영호, "〈월드컵〉 김대영 부심, '심판 헤드셋 효과있다'", 연합뉴스, 2006.7.3.

김석, "[월드컵] 퇴장 28명·경고 345번 오심 논란 '얼룩진 대회'", 경향신문, 2006.7.10.

엄성원, "AFC, 주심 폭행 北 여자축구 대표 3명에 출장정지", 뉴시스, 2006.7.28.

조성경, "K리그 심판 사상 첫 인성교육…'심판 콤플렉스가 뭐지?'", 스포츠서울, 2006.8.9.

스포츠서울, "[해외축구] 日심판 러시아로 수출", 스포츠서울, 2006.8.17.

옥철, "〈프로축구〉 경기 후 선수·심판 인사 '의무화'", 연합뉴스, 2006.8.23.

정동일, "축구장 볼보이가 찬 공, 득점 판정한 심판 위기", 팝뉴스,

2006.9.13.

김태석, "루마니아 클럽 구단주, 심판 폭행으로 중징계", 스포탈코리아, 2006.9.25.

김세훈, "축구 국제심판 편법선발 파문", 경향신문, 2006.9.27.

이전호, "홍은아 FIFA 심판, 스포츠외교 지원 대상자로 선정", 노컷뉴스, 2006.10.12.

이건, "심판은 확신이 설 때 판정을 내려야 한다", OSEN, 2006.10.18.

오광춘, "K리그의 심판 판정 프로젝트", 스포츠서울, 2006.10.23.

이영호, "〈사람들〉 은퇴하는 '월드컵 부심' 김대영 심판", 연합뉴스, 2006.10.31.

노주환, "판정시비 없앨 과학기법 도입...심판권위 훼손 이유 도입미뤄", 스포츠조선, 2006.11.13.

이재훈, "[현장리포트] K-리그, 외국인 심판의 '득과실'", 스포츠조선, 2006.11.19.

이상철, "독일인 주심 바그너, K리그 챔프 1차전 '칼날 판정' 눈길", 2006.11.19.

이재훈, "[집중분석] 심판판정 '홈 어드밴티지' 있나?", 스포츠조선, 2006.11.23.

이상헌, "KFA 심판실 이수민, 잉글랜드 심판연수현장을 다녀와서", 대한축구협회, 2007.2.13.

김성진, "K리그, UEFA 강사 통한 심판판정 설명회 개최", 스포탈코리아, 2007.2.15.

박성민, "플라티니 UEFA 회장 '축구 심판 2명 추가해야", 연합뉴스, 2007.2.15.

박현진, "K리그 심판들 '프레미어리그급 헤드세트' 착용", 스포츠서울, 2007.2.21.

강재훈, "프로축구 심판 가이드라인 공개...팔꿈치 가격 레드카드", 스포츠서울, 2007.2.21.

안혜림, "[심판의 재발견] ① K리그 심판 발전 중·장기 프로젝트", 스포탈코리아, 2007.2.27.

노주환, "'심판 헤드세트' 사용, 주파수 중복 문제로 연기", 스포츠조선, 2007.3.2.

류동혁, "[테마기획] 과학화 되어가는 심판 판정", 스포츠조선, 2007.3.6.

민창기, "K리그 심판, 엄격한 피지컬테스트로 선발...다양한 투잡", 스포츠조선, 2007.3.8.

이상원, "임은주 '안정환 선수 퇴장파문 잊을 수 없죠'", 노컷뉴스, 2007.3.30.

김기범, "브라질 축구선수, 심판에 뽀뽀 '옐로카드'", 한국일보, 2007.4.24.

김태수, "토토, K-리그 '심판용 헤드셋' 후원", 세계일보, 2007.6.18.

권영한, "K-리그 심판헤드셋 도입...골 늘고 파울-경고 줄었다", 스포츠조선, 2007.6.19.

박지은, "축구협회 심판위원회, 금품수수 신고하면 두 배로 포상", 노컷뉴스, 2007.7.16.

연합뉴스, "〈프로축구소식〉 K-리그 심판, 유럽클럽 친선경기 배정", 연합뉴스, 2007.7.20.

노경열, "파벌 싸움-빈볼시비 해결책은?..'외국인 심판 도입론' 강조", 스포츠조선, 2007.7.20.

위원석, "워터 타임을 아십니까?", 스포츠서울, 2007.8.5.

박현진, "첫 여자 경기감독관 탄생", 스포츠서울, 2007.8.8.

윤태석, "KFA-아디다스, KFA 소속 심판 대상 세미나 열어", 조이뉴스24, 2007.8.14.

박상경, "네티즌 37.9%, '판정 시비 주원인은 심판 자질 부족'", 뉴시스, 2007.9.28.

박성민, "FIFA, 클럽월드컵서 '선심 4명 제도' 시험", 연합뉴스, 2007.10.10.

박성민, "플라티니 '비디오 판정이 축구 파괴할 것'", 연합뉴스, 2007.10.12.

이영호, "축구협회 '판정문제 개선, 심판실 독립이 필요'", 연합뉴스, 2007.10.12.

윤태석, "작은 시도로 큰 효과 본 전북축구협회의 강연회", 조이뉴스24, 2007.10.18.

김성원, "[프로축구] 준플레이오프 독일 국제심판 투입", 스포츠조선,

2007.10.28.

김동환, "[수원-포항] 독일에서 온 '용병 주심', 판정시비 없었다", 스포탈코리아, 2007.10.31.

윤신욱, "'푸른눈의 심판관' K리그 최종 경기까지 휘슬", 마이데일리, 2007.11.11.

노주환, "올시즌 K-리그, '2분마다 한 번 꼴'로 심판 호각 불어", 스포츠조선, 2007.11.14.

한경수, "K-리그 심판 질 향상위해 亞 외국심판과 교류해야", 대전일보, 2007.11.22.

배진남, "〈FA컵축구〉 권종철 심판, 19년 포청천 인생 '아듀'", 연합뉴스, 2007.12.2.

강재훈, "[K리그 사람들] 은퇴하는 권종철 심판위원, '나는 행복한 사람입니다'", 스포츠서울, 2007.12.5.

홍재민, "[인터뷰] 잉글랜드 심판 육성 제도는?", 스포츠서울, 2007.12.10.

오광춘, "'양적·질적' 취약한 한국축구의 심판 현황", 스포츠서울, 2007.12.10.

김진회, "'스마트볼', 클럽 월드컵 4강서 첫 선", 동아일보, 2007.12.14.

류청, "'영국유학' 국제심판 홍은아, '심판 수준의 차이는 없다…문화의 차이일 뿐…'", 스포탈코리아, 2007.12.17.

이해완, "[SC매거진] 프로축구 심판들의 세계…심판이 본 꼴불견 선수", 스포츠조선, 2007.12.24.

권영한, "[SC매거진] 프로축구 심판들의 세계…금기사항", 스포츠조선, 2007.12.24.

민창기, "[SC매거진] 프로축구 심판들의 세계…선수-비선수 출신 차이점", 스포츠조선, 2007.12.24.

이해완, "[SC매거진] 프로축구 심판들의 세계…경기전 준비물", 스포츠조선, 2007.12.24.

권영한, "[SC매거진] 프로축구 심판들의 세계…투잡-올인 심판들 차이점", 스포츠조선, 2007.12.24.

박재호, "[SC매거진] 프로축구 심판들의 세계…심판의 조건", 스포츠조선,

2007.12.24.

스포탈코리아, "엘리트그룹 포함된 최명룡 국제심판, '월드컵을 목표로'", 스포탈코리아, 2008.2.1.

김성진, "K리그 심판위원장, '올 시즌 日, 中, 濠와 심판 교류 예정'", 스포탈코리아, 2008.2.18.

박상경, "축구는 인간적이어야 FIFA, 신기술도입 시험 전면 중단", 뉴시스, 2008.3.9.

이지석, "[주전부리] 축구기록지 '완전정복 A to Z'", 스포츠서울, 2008.4.15.

최용재, "이재성 심판위원장, '핵심은 속도전'", 조이뉴스24, 2008.4.21.

임재훈, "프로축구연맹 심판위원장 '심판 인터뷰, 연내 실시'", 뷰스앤뉴스, 2008.4.22.

이영호, "〈사람들〉 '탈북자 1호' 축구 심판 문송민씨", 연합뉴스, 2008.4.22.

이영호, "〈축구소식〉 축구협회, 엘리트 심판 교육", 연합뉴스, 2008.4.30.

김성진, "블란차드 英 심판위원장, '한국과 영국 심판의 자질 차이 없다'", 스포탈코리아, 2008.5.6.

최승진, "[기자24시] 레퍼리와 엄파이어", 매일경제, 2008.5.21.

황만진, "축구선수 생명 구한 심판", 강원일보, 2008.9.9.

황민국, "한국 심판, 국내서는 불신...아시아에선 최고 대접", OSEN, 2008.9.25.

한상용, "축구협회, 한·일 심판 교류 프로그램 시행", 연합뉴스, 2008.10.23.

국영호, "[현장메모]"이참에 심판들도 조사해야 한다" 축구계 자성 목소리", 스포츠월드, 2008.11.24.

문준식, "초중고 축구 지역리그제로 전환", 세계일보, 2008.11.11.

이지석, "[집중분석] K리그 PO, 외국인 심판 투입의 '득과실'", 스포츠서울, 2008.12.8.

정병준, "대한축구협회, 2009 신인심판 모집 및 심판 강습회 개최", 뉴시스, 2008.12.12.

이성필, "프로축구연맹, 15개 구단 순회 심판 판정 가이드라인 설명회", 조이뉴스24, 2009.1.21.

, "차덕환 신임 심판위원장, '양심-인격-신의 갖춘 심판 양성하겠다'", 스포탈코리아, 2009.2.16.

윤신욱, "외계인 명심판' 콜리나 '오렌지 카드 도입하자'", 마이데일리, 2009.2.24.

송혜민, "'방귀 뀐 죄'로 옐로카드 받은 축구선수", 서울신문, 2009.4.7.

이성필, "권종철 축구협 심판위 부위원장, 한국인 최초 해외서 심판 지도", 조이뉴스24, 2009.4.20.

김종환, "[김종환의 그라운드 엿보기] '초중고 주말리그제' 3가지 효과", 동아일보, 2009.5.13.

김동찬, "축구협회, 해병대와 연계해 심판 양성", 연합뉴스, 2009.5.18.

이상헌, "일반인도 축구 심판이 될 수 있다..KFA 자격증코스 상시 개설", 스포탈코리아, 2009.6.8.

도영인, "[남아공가는길] (4)심판의 국제적인 기준에 눈높이를 맞춰라", 스포츠서울, 2009.6.10.

김세훈, "'난장판 축구' 해결책은 심판운영 통합", 경향신문, 2009.7.23.

송지훈, "권종철 '판정 시비 대안은 스틸러스 웨이'", 이데일리, 2009.7.27.

김성진, "[누드토크] 〈4〉 고금복, '나도 심판이기 이전에 가장이다'", 스포탈코리아, 2009.9.30.

이건, "오심에 울고, 웃은 국제축구 …앙리논란을 계기로 본 국제축구 황당 오심들", 스포츠경향, 2009.11.20.

노주환, "축구 오심 집중분석..FIFA 첨단장비 도입 안하는 까닭은?", 스포츠조선, 2009.11.24.

이예은, "축구 오심 집중분석...다른 종목 도입 '오심방지' 첨단장비는?", 스포츠조선, 2009.11.24.

김성원, "축구 오심 집중분석...심판 장비도 진화", 스포츠조선, 2009.11.24.

최만식, "축구 오심 집중분석...K-리그도 오심과의 전쟁", 스포츠조선, 2009.11.24.

김성원, "한국 축구서 첫 적용되는 6심제 모든 것...페널티킥 변수", 스포츠조선, 2009.11.27.
오광춘, "아시아 최초 6심제 운영 비용은?", 스포츠서울, 2009.11.30.
이승섭, "[별의 ★ 인터뷰①] 권종철 전 축구국제심판 - '종쳐라' 하기에, 그냥 웃었죠", 매일경제, 2009.12.22.
이승섭, "[별의 ★ 인터뷰②] 권종철 전 축구국제심판, '박지성이 가장 매너남'", 매일경제, 2009.12.22.
이영호, "프로축구, 올해부터 '심판 승강제' 실시", 연합뉴스, 2010.1.13.
박지혁, "[2010WC]FIFA, 비디오 판독 도입 계획 철회", 뉴시스, 2010.3.7.
서형욱, "[서형욱의 월드컵iN] 축구에는 왜 오심이 많을까", 두서있는 축구, 2010.3.16.
김태석, "中, 승부조작에 연루된 심판 3명 공안에 체포", 베스트일레븐, 2010.3.18.
권오성, "심판 매수에 운영비 횡령혐의까지 유명 사립대 전 축구감독", 한겨레, 2010.3.18.
최용재, "대한축구협회, 심판 비리근절 특별대책위원회 구성한다", 조이뉴스24, 2010.3.19.
김태석, "K리그 심판 승강제, 제대로 하고 있나", 베스트일레븐, 2010.4.16.
위원석, "[위원석의 하프타임] 오심 테크놀로지와 축구의 인간적본능", 스포츠서울, 2010.4.20.
위원석, "대한축구협회, 심판비리 근절 위한 대책 발표", 스포츠서울, 2010.5.2.
김동욱, "[World cup D-30]심판도 '지구 대표급'… 2년전부터 전세계서 심사 또 심사", 동아일보, 2010.5.12.
이지석, "여자 심판들 '편견도 휘슬의 열정을 막을 수 없다'", 스포츠서울, 2010.5.12.
이민선, "K-리그 정해상 전임심판, 남아공 월드컵 심판으로 뛴다", 스포탈코리아, 2010.5.30.
권수현, "〈월드컵〉 주심, 직업도 악명도 '각양각색'", 연합뉴스, 2010.6.7.
권수현, "〈월드컵〉 심판 되기, '하늘의 별 따기'", 연합뉴스, 2010.6.9.
권수현, "〈월드컵〉 미국-잉글랜드 심판, `영어 욕설' 공부", 연합뉴스,

2010.6.11.

홍석재, "'오심 월드컵' 심판들 왜 이래", 한겨레, 2010.6.21.

이연수, "[핫피플] 아르연 로번이 정해상 심판에게 윙크한 사연", 스포탈코리아, 2010.7.24.

고동욱, "〈사람들〉 20년 배구국제심판 끝내는 김건태씨", 연합뉴스, 2010.8.14.

최영민, "[그라운드 밖에서] 외국인 심판이 바라본 내셔널리그와 한국축구", 내셔널리그, 2010.10.17.

손병하, "K리그 챔피언십, 베스트 심판 17명 투입…6심제 운영", 베스트일레븐, 2010.11.19.

오해원, "스코틀랜드심판조합, 시즌 중 파업 가능성 시사", 뉴시스, 2010.11.22.

이문기, "매의 눈을 가진 그라운드의 신사 - 김장권 심판 인터뷰", 한국풋살연맹, 2011.1.8.

권혁기, "루시드폴, 국제심판 커플에게 레드카드 받아 '머쓱'", TV리포트, 2011.1.8.

김용일, "K리그 전임심판, 2011시즌 대비 터키서 '구슬땀'", 스포츠서울, 2011.1.28.

윤태석, "'亞챔스 판정 불이익 NO'…심판도 뛴다", 동아일보, 2011.2.19.

이동칠, "〈사람들〉 대학교수 변신 '그라운드 포청천' 박해용", 연합뉴스, 2011.3.4.

하성룡, "국제축구연맹 '승부조작 근절위해 심판 규정 강화", 스포츠조선, 2011.3.4.

유성현, "'A매치도 승부조작?' FIFA, 심판 혐의 포착해 '충격'", 스포츠서울, 2011.3.11.

전성호, "[축생축사①] 축구계의 '블루오션', 심판", 아시아경제, 2011.5.3.

김두용, "축구 심판 심폐소생술 교육 의무화 추진", 한국일보, 2011.5.10.

배진남, "'독설쟁이' 퍼거슨, 심판 칭찬했다 경고 받아", 연합뉴스, 2011.5.18.

장용훈, "평양서 FIFA 심판원 강습 열려", 연합뉴스, 2011.5.19.

이호준, "'심판 성향 잘 알아야 프로선수" 대구FC 선수단 강습회", 매일신문, 2011.5.24.

국영호, "판정 불만? 심판들, 우리도 할 말 있다", 스포츠조선, 2011.7.19.

신원엽, "FIFA, 심판 6명 합작해 7골? '모두 영구제명' 엄벌", 스포츠서울, 2011.8.11.

장영은, "〈사람들〉 울산 최연소 여성 축구 심판 김혜림양", 연합뉴스, 2011.10.12.

박재호, "중국축구가 한국 심판 파견 원하는 이유", 스포츠조선, 2011.10.28.

김성진, "K리그 주·부심, AFC컵 결승전 포청천으로 뜬다", 스포탈코리아, 2011.10.29.

최현길, "[최현길이 만난 사람] 프로축구연맹 이재성 심판위원장, A급 심판 PO 올인…가을잔치 오심 올킬!", 스포츠동아, 2011.11.3.

옥영화, "여자 부심 김경민, `최우수 심판상 수상`", 매일경제, 2011.12.20.

윤석민, "덴마크 열성 축구팬, 심판 때린 댓가 '3억7000만원'", 이데일리, 2012.1.11.

정가연, "프로연맹 올시즌 50세 이하로 심판 제한연령 두기로", 스포츠서울, 2012.1.30.

김요한, "[취재파일] "이 직업은 몇 등?" 700개 직업 만족도 순위", SBS, 2012.3.30.

김진회, "[긴급제언]K-리그 심판, 삼진아웃제 도입하라", 스포츠조선, 2012.4.30.

양종구, "[IN&OUT]K리그 잦은 오심… 혹시 '심판 스폰서' 탓?", 동아일보, 2012.5.2.

김성원, "K-리그 심판 오심 잦은 이유 따로 있다", 스포츠조선, 2012.5.2.

윤태석, "끊이지 않는 축구계 오심 논란…K리그감독 7인 날선 질문에 이운택 심판위원장 입 열었다", 스포츠동아, 2012.5.9.

박지혁, "FIFA, 6월 잉글랜드-벨기에전서 판독 시스템 '호크아이' 테스트", 뉴시스, 2012.5.25.

김경무, "피파, 축구 골라인 판독 기술 도입한다", 한겨레, 2012.7.6.

김영기, "익스피디아, 영국 축구 심판협회 공식후원", 데일리안, 2012.8.20.

정태란, "세계 최연소 축구 심판이 14세의 英소녀", 헤럴드생생뉴스, 2012.10.1.

이정수, "응급처치로 막은 사고, 심판 심폐소생술 교육 빛 발했다", 스포츠서울, 2012.10.5.

김현희, "'그라운드의 꽃미남 판관' 김종혁 심판을 만나다", 미디어월, 2012.10.19.

신용진, "[후배가 쓰는 선배 이야기] '녹색 그라운드 포청천' 박병진 1급 심판", 경남도민일보, 2012.11.1.

김동찬, "〈심판비리점검〉 ③해결 방안과 과제(完)', 연합뉴스, 2012.11.7.

강동삼·김민희·임주형, "축승금·보호비 뜯고 입학 브로커까지… '검은 거래'", 서울신문, 2012.11.19.

강동삼·김민희·임주형, "축구 지방경기도 교통비·숙박비가 전부…야구계 100경기 보수 2000만원 불과", 서울신문, 2012.11.19.

강동삼, "자부심·명예로 일하는 직업 낮은 연봉이 비리 정당화 못해 경기수당 차등지급 등 개선해야", 서울신문, 2012.11.19.

한용섭, "축구역사의 한 획을 긋는 '골 라인 판독기술(GLT)'이란?", 일간스포츠, 2012.12.10.

이균재, "또 '심판 폭행'…이번엔 칠레서 선수·팬이 한마음 구타", OSEN, 2013.1.15.

박현진, "축구계 역대 승부조작사건 사례는", 스포츠서울, 2013.2.5.

오명철, "퍼거슨, 심판 비난해 벌금 2000만원", 일간스포츠, 2013.2.9.

정천수, "[정천수의 휘슬소리]심판은 예나 지금이나 동네북인가?", 스포탈코리아, 2013.2.17.

박찬준, "FIFA, 브라질 월드컵서 골 판정기술 도입 확정", 스포츠조선, 2013.2.20.

박광재, "일본인 심판, 태국FA컵 승부조작 제안 거절", 문화일보, 2013.2.20.

정해상, "[정해상의 휘슬소리]가나의 1개월…환경 음식 질병과의 싸움", 스포탈코리아, 2013.2.24.

김희선, "2013시즌 K리그, '국내 최고 기술 집약 심판전용 무전기 사용'", OSEN, 2013.2.25.

손장훈, "심판 무전기 업그레이드… 축구 판정 시비 줄어들까", 조선일보, 2013.2.26.

김영록, "K리그, 아시아 최초 '프리킥 거리표시 스프레이' 도입", 스포츠동아, 2013.2.27.

장재은, "축구 골 판정기 판독결과 관중도 본다(종합)", 연합뉴스, 2013.3.2.

신원엽, "'무서운 10대' 사우디 유스팀, 심판 집단 폭행 '총성까지…'", 스포츠서울, 2013.3.9.

김병윤, "[김병윤의 축구생각]프로축구 심판 사명감 가져야 한다", 스포탈코리아, 2013.3.12.

황규인, "'심판도 사람이니 과학 판정 늘리자'… '경기 흐름 끊기고 기계도 불완전해'", 동아일보, 2013.3.13.

전용모, "경남대 1호 FIFA 공인 국제심판 김영하, K-리그 전임심판 임용", CNB저널, 2013.3.14.

이상호, "'또 삐딱선' 플라티니 UEFA 회장, '골라인 판독기 불필요'", 스포탈코리아, 2013.3.29.

박광재, "FIFA, 골판정기계 獨제품 '골컨트롤' 낙점", 문화일보, 2013.4.3.

하성룡, "레바논 축구 국제심판 3명, 승부조작 대가로 성접대 받아 적발", 조선일보, 2013.4.5.

정해상, "[정해상의 휘슬소리] '행운의 사나이' 니시무라 주심을 추억하다", 스포탈코리아, 2013.4.7.

이건, "한국인 심판, 성접대 파문 속 유일하게 생존", 스포츠조선, 2013.4.10.

김희선, "EPL, 골라인 판독기 '호크아이' 선정… 프로축구 첫 도입", OSEN, 2013.4.12.

양광열, "심판위원회, 2013 가이드라인 설명 '관중 찾는 K리그 만들 것'", 스포츠월드, 2013.4.22.

최현길, "[최현길 사커에세이] 심판 연봉 6000만원 시대…K리그 '명판관'을 바란다", 스포츠동아, 2013.4.23.

차상엽, "분데스리가 심판들, 연수입 얼마나 될까?[차상엽의 독일축구 이야기]", 이투데이, 2013.4.23.

정희정, "中 언론, '중국협회, 한국의 심판 관리 배워라'", 스포탈코리아, 2013.4.23.

이건, "러시아 체첸 부심이 선수 폭행! 평생 심판 금지 징계", 스포츠조선, 2013.4.30.

노우래, "46세 미국 축구 심판, 17세 선수에게 폭행 당해 결국 사망", 스포츠한국, 2013.5.6.

김영록, "레드냅 감독 '퍼거슨, 심판들에겐 공포의 대상 독설?'", 스포츠동아, 2013.5.13.

박상경, "日심판위원장, 이례적인 오심 인정 기자회견", 스포츠조선, 2013.5.15.

김태석, "'무조건 믿어 달라'라고?… K리그 심판, 프로답게 사후 징계받자", 베스트일레븐, 2013.5.15.

이현민, "수원, '뷰티풀 K리그' 심판 존중 교육", 인터풋볼, 2013.5.23.

손병하, "여성 심판 출신 임은주 씨, 강원 신임 대표이사로 선출", 베스트일레븐, 2013.5.29.

김도용, "브라질 관중, 심판 '참수' 살해…선수 1명도 목숨 잃어", 스포탈코리아, 2013.7.7.

이종욱, "프로축구연맹, 기준없는 심판감싸기 신뢰추락 자초", 경북일보, 2013.7.16.

최종호, "중·고·대학 감독에 심판까지…'축구 입시비리'", 연합뉴스, 2013.7.25.

이경헌, "K리그 전임심판 교육, 중요 판정 정확도 ↑", 인터풋볼, 2013.7.27.

김용일, "심판이 무슨 죄길래? 브라질 女부심 경기중 공 맞고 '쫘당'", 스포츠서울, 2013.8.5.

이석무, "오심논란에 심판실 갇힌 주심…경기장 안전 관리 절실", 이데일리, 2013.8.7.

최희진, "'너무 배고파…" 경기 중단시키고 간식 먹는 심판", SBS, 2013.8.7.

강필주, "판정 정확도 90.3%! K리그 심판, '무결점' 향해 뛴다", OSEN, 2013.8.8.

윤태석, "[윤태석기자의 이슈&포커스] '잘 봐줬더니…그 감독 인사 한번 안하나", 스포츠동아, 2013.8.13.

정윤수, "[축구의 세계] 축구장에서 가장 고독한 사람: 심판", 네이버캐스트, 2013.8.14.

남장현, "한국축구, 월드컵 심판 키운다", 스포츠동아, 2013.8.23.

장재은, "유럽축구연맹, 챔피언스리그에 '골 판정기' 도입 불허", 연합뉴스, 2013.8.31.

김성원, "K-리그 전임심판 2차 체력측정, 전원 합격", 스포츠조선, 2013.9.4.

최호택, "[최호택의 비즈니스 풋볼]심판은 카리스마 공정성 지닌 경기장 지존", 스포탈코리아, 2013.9.6.

이상복, "전국 축구대회서 심판 집단폭행 물의", 충청투데이, 2013.9.9.

김현기, "K리그, 10년 만에 여성 심판 등장…김경민·박미숙 부심", 스포츠서울, 2013.9.9.

송지훈, "K리그 홍일점 심판 김경민 '쉽지 않은 도전, 맘껏 즐기겠다'", 일간스포츠, 2013.9.10.

김도용, "'심판 불만 표출' 디 카니오, 벌금 1300만원 부과", 스포탈코리아, 2013.9.17.

윤태석, "[사커토픽] 술판 벌인 심판보다 대책없는 축구협회", 스포츠동아, 2013.9.27.

하성룡, "브라질월드컵, 골 판정 판독기 '골 컨트롤 4-D' 사용", 스포츠조선, 2013.10.11.

양순임, "[부산국제영화제 리뷰] 레프리, 축구를 통해 삶을 유쾌하게 이야기한다", 무비조이, 2013.10.11.

홍승한, "준비된 여성 포청천 '김경민·박미숙 심판'…K리그를 말하다", 스포츠서울, 2013.10.13.

차상엽, "[그라운드의 지휘자, 심판] 프로야구 5주 '심판학교' 운영", 이투데이, 2013.10.18.

김현기, "'희대의 오심' 브뤼히, K리그 휘슬도 6번 잡았다", 스포츠서울, 2013.10.19.

권종철, "[권종철의 호크아이] '유령골' 선언 주심, 징계 주긴 어렵다", 풋볼리스트, 2013.10.22.

최주호, "경주에서 제7회 전국 심판체육대회 열려", 아주경제, 2013.10.23.

박대로, "신학용 '국내 국제심판 1731명 중 3분의 2가 태권도 심판'", 뉴시스, 2013.10.29.

손춘근, "[생생스케치] 경쟁이 아닌 화합! FIFA 국제 심판 체력 테스트 현장을 가다", 대한축구협회, 2013.10.30.

이영호, "축구협회 심판위원장, 특정 심판 비호 '징계 위기'", 연합뉴스, 2013.11.8.

스포탈코리아, "영국축구협회, 142년 금기 깨고 여성 심판 기용", 스포탈코리아, 2013.11.10.

이현민, "KFA, 스위스전에 남미 최고 심판 배정", 인터풋볼, 2013.11.11.

김우람, "[스포츠, 첨단과학을 만나다] 0.001초 찰나의 승부… 더 날카로워진 '매의 눈'", 이투데이, 2013.11.22.

손춘근, "'비전 해트트릭 2033 선포'..축구, 그 이상을 위하여", 대한축구협회, 2013.11.22.

이재상, "축구협회 창립 80주년 비전 발표 '1~5부 리그 시스템 완성… 심판 운영 일원화'", 한국일보, 2013.11.22.

일간스포츠, "심판매수 비용 3400만원? 英 승부조작 스캔들 확대조짐", 일간스포츠, 2013.11.29.

고은지, "서울교육청, 4급 축구 심판 자격증 과정 운영", 연합뉴스, 2013.12.1.

기타 자료

대한체육회, "대한체육회 90년사", 2010.12.
대한축구협회, "KFA Report", 2007~2013.
대한축구협회, "한국 축구 100년사", 증보판, 2003.5.
대한핸드볼협회, "핸드볼 코리아", 9, 2012.12.
한국야구위원회, "2010년 한국프로야구 연감", 2010.3.
한국프로축구연맹, "2007 K리그 가이드북", 2007.2.
한국프로축구연맹, "2008 K리그 가이드북", 2008.3.
한국프로축구연맹, "한국프로축구 30년", 2013.6.
FIFA, "Circular no.1364: FIFA Fair Play Days 2013", 2013.6.10.
FIFA 기술위원회, "2006 FIFA 독일 월드컵 기술 보고서". 2006.12.
KBL, "2012~2013 프로농구 미디어 가이드북", 2012.10.
권기남(2011), "축구 심판들의 스포츠 불법타협 제안유형과 저항방식," 한국스포츠사회학회지, 2011, 24(2), 217-235.
유진, 박해용(2000), "축구 심판들의 스트레스 요인과 대처 방안", 한국스포츠심리학회지, 2000, 11(1), 105-120.
김동환, "아마추어 스포츠 심판제도의 현황 및 개선방안 연구", 대한체육회, 2013.9.30.
박해용(2003), "한국 축구 심판들의 판정실책 원인 분석", 한국스포츠심리학회지, 2003, 14(3), 127-139.
이충삼(2004), "국내 축구 도입시기와 전개 양상에 관한 연구," 한국체육과학회지, 2004, 13(1), 3-13.
장재훈(2012), "축구 심판의 운동학적 요인과 필드체력테스트 수행에 관한 연구," 코칭능력개발지, 2012, 14(3), 70-78.
최경진(2011), "심판의 불법행위책임," 스포츠와 법, 2011.8, 28(14, 3), 37-52.
최태호, 이광호(2012), "U-리그참가 대학축구 선수들의 심판인식에 관한 연구," 한국사회체육학회지, 2012, 47(1), 11-25.
권종철의 피파스포츠 http://www.fifasports.co.kr

대한축구협회 http://www.kfa.or.kr
대한축구협회 공식 블로그: 백호의 비하인드 스토리
    http://blog.daum.net/kfabaekho
대한축구협회 심판협의회 http://kfarc.kr/
전영현의 축구 심판교실 http://www.fifareferee.co.kr
한국 내셔널리그 http://www.n-league.net
한국풋살연맹 http://www.k-futsal.or.kr
AFC   http://www.the-afc.com
FIFA   http://www.fifa.com
Football Database.eu   http://www.footballdatabase.eu
IFFHS   http://www.iffhs.de/the-worlds-best-referee-2013
K리그   http://www.kleague.com
Kicker   http://www.kicker.de/
Professional Referee Organization   http://www.proreferees.com
Refereeing World   http://refereeingworld.blogspot.kr
The FA   http://www.thefa.com/my-football/referee
U.S. Soccer   http://www.ussoccer.com/referees
World Referee   http://worldreferee.com